ESPEJO DE ESCRITORES

ESPEJO DE ESCRITORES

ENTREVISTAS CON
**Borges · Cortázar · Fuentes · Goytisolo · Onetti
Puig · Rama · Rulfo · Sánchez · Vargas Llosa**

Notas y prólogo de Reina Roffé

EDICIONES del NORTE

Primera edición, enero de 1985

portada: ©Abel Quesada para *The New York Times*
         Magazine

las fotos de Angel Rama y
Carlos Fuentes: ©Frank Janney
la de Mario Vargas Llosa: ©Alicia Benavides
las demás: ©Layle Silbert

©EDICIONES DEL NORTE, 1985
  P.O. Box A130
  Hanover
  N.H. 03755
  U.S.A.

ISBN 0-910061-23-8

INDICE

1   **Jorge Luis Borges**
El memorioso

21   **Juan Carlos Onetti**
Un escritor

39   **Julio Cortázar**
Modelos para desarmar

63   **Juan Rulfo**
Infra-mundo

79   **Carlos Fuentes**
Estos fueron los palacios

105   **Juan Goytisolo**
La libertad de los parias

129   **Manuel Puig**
Del "kitsch" a Lacan

147   **Mario Vargas Llosa**
Maestro de las voces

173   **Luis Rafael Sánchez**
De la guaracha al beat

195   **Angel Rama**
Más allá de la ciudad letrada

Nota preliminar

Las entrevistas que Ediciones del Norte da a conocer bajo el título de *Espejo de escritores* pertenecen a la serie de programas en videotape del mismo nombre. Con excepción de "Juan Carlos Onetti. Un escritor" (hecha en la década anterior), todas ellas se hicieron entre 1981 y 1983 y, en su mayoría, tuvieron lugar en los Estados Unidos.

Estos reportajes que hoy se presentan al lector son transcripciones editadas del audio original; en lo posible, se ha tratado de mantenerlas fidedignas a éste y conservar en ellas las características del lenguaje hablado, como así también los modismos de cada escritor y de cada país.

"Jorge Luis Borges. El memorioso" y "Manuel Puig. Del 'kitsch' a Lacan" fueron realizadas por la escritora y periodista argentina Reina Roffé; "Juan Rulfo. Infra-mundo" y "Carlos Fuentes. Estos fueron los palacios," por la periodista mexicana Sylvia Fuentes; "Juan Carlos Onetti. Un escritor," por el crítico uruguayo Jorge Rufinelli y el cineasta argentino Julio Jaime; "Julio Cortázar. Modelos para desarmar," por el profesor y crítico argentino Saúl Sosnowski; "Juan Goytisolo. La libertad de los parias," por el crítico y profesor chileno Randolph Pope; "Mario Vargas Llosa. Maestro de las voces," por el crítico peruano José Miguel Oviedo; "Luis Rafael Sánchez. De la guaracha al beat," por el profesor y traductor norteamericano Gregory Rabassa; "Angel Rama. Más allá de la ciudad letrada," por el escritor y periodista argentino Mario Szichman.

Los autores entrevistados figuran de acuerdo a la fecha de nacimiento; Angel Rama aparece al final por ofrecer una visión de la literatura latinoamericana en su conjunto.

Prólogo

El auge que ha tomado la literatura latinoamericana es un hecho conocido y permanente desde hace más de dos décadas. Por eso, ya no sorprende que en Europa y Estados Unidos se realicen simposios, se creen centros y revistas destinados a promover y estudiar no sólo las obras de los escritores del continente, sino también a analizar este fenómeno que parece haber trascendido el "boom" inicial. Y ha sido la narrativa, específicamente la novela, que —como la poesía francesa de los años veinte y la novelística norteamericana de los treinta— ha propiciado un estallido de singular proyección. Se ha señalado que la emergencia simultánea de autores de diferentes países de América Latina es producto de una coordenada histórica y cultural; las respuestas que ellos dan desde la peculiaridad de su propio contexto, si bien evidencian un rotundo vuelco a lo nacional, satisfacen las exigencias internacionales—lo que ha posibilitado el ingreso de esta literatura a las letras contemporáneas. El viraje que comienza a sentirse a partir de los años 50 y que rompe con las "literaturas de imitación" abre un nuevo periplo y, dentro de éste, una fase en la que el escritor se interroga más directamente sobre la "identidad latinoamericana."

Así como Carlos Fuentes confiesa su constante preocupación por el problema de la identidad, cuyas marcas se registran en todo lo que escribe, también para los otros escritores —aun los más recientes— el dilema continúa teniendo vigencia. Si no se ha agotado es quizás porque asistimos a una literatura que todavía está en su etapa evolutiva como el continente mismo; tal vez porque la búsqueda de una identidad es inherente a la creación o, como dijera Angel Rama, "es una

ix

pura entelequia imaginativa del querer ser de todos nosotros"; pero además, esta búsqueda y la necesidad de conservarse fiel a una entidad cultural, constituyen impugnaciones propias de pueblos que viven bajo la presión de lo foráneo. A esto va dirigido el comentario de Luis Rafael Sánchez cuando dice, en la entrevista, que en Estados Unidos los puertorriqueños se aferran más a sus tradiciones. Esta inmersión en los orígenes no impidió, sin embargo, llevar adelante el anhelado proyecto de alcanzar universalidad que es, junto a la labor de exploración de recursos lingüísticos, formales y temáticos, uno de los logros más notorios.

El camino que Jorge Luis Borges minó — como uno de los más significativos precursores de cambio — contra la retórica española, o lo que llamó irónicamente "el sermón hispano", repercutió en todos los que de alguna manera se propusieron escribir desde la alternativa refaccionadora del idioma. Para Juan Rulfo, defenderse de la adjetivación desmedida o de la tentación de hacer sentir su omnipresencia de manera obvia, le permitió ese lenguaje comprimido y excepcional de sus relatos y novela. La misma idea de "zafar al autor y dejar a los personajes" es compartida por Manuel Puig, quien reconoce tener una fuerte "adversión a la tercera persona" en la que el escritor interviene y a veces interfiere; *de ahí que haya optado no sólo por las voces de los seres que mueven sus historias, sino por una voz que los represente. En Sánchez se percibe semejante inquietud por liberar a la lengua del "opresivo modelo académico" y el interés por redimensionar los mecanismos expresivos con lo que para él es "la incorporación del lenguaje bastardo". El pronunciamiento unánime por parte de los latinoamericanos de ruptura con el anquilosado modelo español y la exigencia de trabajar en la movilidad del* habla, no han sido ajenos al ideario de algunos nuevos prosistas peninsulares. Juan Goytisolo acusa idéntica subversión a la norma; en el texto de Reivindicación del conde Don Julián se constata una filosa crítica que abarca tanto los códigos literarios como a los autores que configuraron en diversas épocas la oficialidad y, por ende, el parámetro literario. En casi toda su obra se advierte, como es nítido en Juan sin tierra, un profundo rechazo a la rigidez de ciertos postulados que no ofrecen salida a una inventiva plural y desgajada de toda pretensión utilitaria.

La rebelión contra el tiempo y el espacio fijos que llevara a Borges a crear laberintos y a Rulfo a "utilizar muertos", fue otro de los aditamentos que conformaron una reacción al realismo lineal del siglo XIX. Reacción que se manifestó en diversas formas: para los escritores rioplatenses, redundó en una marcada tendencia hacia la literatura fantástica; para los caribeños, en lo que se ha dado en llamar realismo mágico. Sin embargo, la oposición a los cánones obsoletos del realismo, no lo destituyó a éste por completo ni aun entre aquellos que encabezaron las vanguardias — últimamente hasta se lo ha reivindicado en algunos aspectos. Mario Vargas Llosa — quien más ha hablado sobre el asunto — observa "una tergiversación de lo real que es congénita a la ficción"; Fuentes asegura que "el escritor no refleja o reproduce la realidad sino que la inventa". Por lo que se puede detectar, la mayoría de los autores coinciden, hoy en día, en que la experiencia de lo real es un referente en constante desarrollo.

Entendida como un juego vital, la literatura — en todas sus vertientes — se complica y se renueva. El concepto de género como categoría estable también cae en desuso para dar paso a lo que Julio Cortázar denomina "libros almanaque" en los que conviven la prosa, la poesía, el ensayo, las escenas teatrales y cinematográficas. *El recurso de la ficción dentro de la ficción que Borges halla en el* Quijote *y en los cuentos de* Las mil y una noches — *y que él mismo frecuenta* — *ha dado lugar a numerosas variaciones. Puig, por ejemplo, al introducir elementos modernos de comunicación en su sistema narrativo produce relatos en los cuales funcionan otros relatos: los de películas, radioteatros, canciones populares o ideas y teorías en boga cuya nomenclatura forma un nuevo discurso. En* El beso de la mujer araña *y* Pubis angelical *se puede distinguir, recuperada en la ficción, la influencia que ejerció el psicoanálisis en la sociedad argentina de los años 60-70 y que motivara toda una jerga y un estilo de vida, especialmente en el porteño de clase media.*

Puig, Vargas Llosa y Goytisolo, al confesar en estas entrevistas que trabajan sobre un material autobiográfico, a partir de experiencias o sumas de experiencias vividas de una manera personal, refutan indirectamente a ciertos teóricos que consideran lo autobiográfico como una tendencia de importancia menor o que explican el fenómeno estético solamente como un todo cerrado y unitario, fuera del marco subjetivo y social que lo promueve. Pero convengamos que si La traición de Rita Hayworth *es una crónica familiar en la que se cuenta la infancia del autor; si los "escribidores" de* La tía Julia *y* La guerra del fin del mundo *reflejan de algún modo que la escritura es la actividad central en la vida de quien los crea; si el personaje que ha perdido sus señas de identidad en* Reivindicación *trasluce el padecimiento del novelista español en su prolongado destierro, no es porque estos escritores se hayan ajustado estrictamente a la historia personal; lo biográfico siempre comprende un ámbito mayor y es trascendente cuando logra una verdadera coexistencia con el lector — que es lo que sucede en los casos citados.*

Los vaivenes políticos y económicos, los avances neocoloniales y las dictaduras han condicionado la existencia y labor de la mayoría de los escritores. Los estragos provocados por el franquismo en su larga permanencia en el poder, determinaron considerablemente los itinerarios de Goytisolo. El peronismo, en sus etapas, afectó a los argentinos Borges, Cortázar y Puig, y hasta al uruguayo Onetti y al mexicano Fuentes — puesto que todos ellos, por una razón u otra, mencionan a Perón como figura desencadenante dentro de un proceso. A ninguno de los autores se le escapa tampoco — ya sea por ser víctima o testigo — el enorme perjuicio ocasionado por las "dictaduras institucionalizadas", como las cataloga Rama, y que reemplazaron en estos últimos tiempos al "dictador personal." En diferentes grados, cada uno se presenta como disidente y admite estar en desacuerdo con algún aspecto de la realidad. El "pesimismo" de Borges y Onetti, los "entredichos" de Vargas Llosa, el desdén que siente Puig por los valores del establishment — llámese "prestigio" o "autoridad" — nos remiten a las tensiones creadas en la sociedad de hoy que ellos transformaron en hechos positivos, en cuanto estas fricciones han impulsado, de alguna manera, la tarea artística. No en vano Goytisolo consiente haber vislumbrado en su "relación monstruosa" con Franco la paternidad de lo que es y ha dado.

La Revolución cubana, que produjo en Cortázar un cambio fundamental en su visión del mundo y su literatura, demuestra la importancia, en todo orden, del acontecer político que ha llevado a redefinir la posición del escritor frente a la sociedad y su obra. El hecho de que los pueblos, en zonas de conflicto y vaciamiento, exijan a sus escritores la iluminación que no encuentran en los gobernantes, les ha conferido la responsabilidad de ser, unas veces, hombres públicos;

otras, esclarecedores o voceros de las necesidades de su comunidad. *Vargas Llosa y Sánchez concuerdan en decir que el escritor, sobre todo el latinoamericano, tiene la obligación de participar en el debate de los grandes problemas que convulsionan el continente. Onetti se define "antiimperialista"; Rulfo, aunque "de lejos" sigue paso a paso las vicisitudes políticas y no elude dar su opinión sobre el tema. Lo importante es que, más allá de una literatura y de un escritor comprometidos —conceptos utilizados tantas veces en forma maniquea—, hay un acuerdo implícito y generalizado de testimoniar, desde diferentes medios e ideologías, el repudio a la violencia y al terror de nuestra era.*

En los regímenes dictatoriales y minoritarios, la libertad de expresión y la crítica —condiciones esenciales de la dinámica del pensamiento y la cultura— son reprobadas. Con Duelo en el paraíso, *Goytisolo comenta haber tenido su "primer encuentro casi cómico con la censura" dejando entrever que arbitrariedad y falta de criterio con respecto al material que prohiben, caracterizan a las instituciones encargadas de juzgar lo que se debe o no escribir — según el tabú de lo permisivo y abominable, sin contemplación alguna del producto estético. Puig apunta a otra forma de la censura cuando se refiere a la cancelación de las notas y entrevistas que se habían preparado en apoyo al lanzamiento de su novela* The Buenos Aires Affair: *"la autocensura" que los estados de opresión cimientan en periodistas, editores, público y en los mismos escritores; creándose así sociedades censoras que corresponden sumisamente a la mitología oficial del momento.*

La represión, en todas sus manifestaciones, ha producido desplazamientos de un país a otros en busca de territorios más aptos para la creación y la vida. Aunque es factible que el escritor pueda desarrollarse en cualquier parte del mundo que le ofrezca posibilidades, salir del grupo de pertenencia —especialmente por razones colaterales a una auténtica voluntad— da motivo a permanente angustia. El exilio que implica alejarse de las raíces, de una identidad nacional y, muchas veces, idiomática, genera perturbaciones perceptibles en el corpus creativo. Angel Rama cree que estas perturbaciones, contrariamente a lo esperado, son capitalizadas en beneficio del discurso literario que se enriquece y amplía, en la medida en que los escritores se contactan con otras culturas. El suceso es confirmado por Cortázar, para quien irse de Argentina significó conocer mejor la realidad latinoamericana en su conjunto, sirviéndole también para aprehender "de otra manera" su país. Goytisolo es susceptible a una práctica igual: divisar a España desde fuera y "ver su propia cultura a la luz de otras culturas," lo condujo no a una mera confrontación sino a un análisis exhaustivo de las bases ideológicas de la sociedad que sustentó al régimen franquista. Dicho análisis es aplicado por Puig cuando advierte, residiendo en el exterior, que otros pueblos tienen una mirada más liviana y, en consecuencia, "la mirada argentina," que aparece más crítica, lo induce a una severa introspección en el pasado. Si una de las crueles paradojas del exilio es la de otorgarles a las obras y sus hacedores una inusitada apertura de foco, una captación más honda, un cariz de mayor sensibilidad y agudeza, esto tal vez se deba a que no hay excusa válida que pueda coartar el impulso de un verdadero creador; ya dijo Onetti que la literatura es todo y la vida entera se da para hacer la literatura.

Las entrevistas que componen este libro tienen el sortilegio de acercarnos a la fuente misma de la creación. Comprobar cómo habla, cómo piensa un escritor, cuáles son sus preocupaciones acuciantes;

saber del ambiente social, político y literario en el que su arte halla asidero, habilita descubrir todo un destino. Como en un espejo prodigioso, las voces aquí moduladas revelan interrogantes que incitan a otras preguntas, añaden nuevos planteos que provocan una revisión a fondo de los grandes temas actuales. En las páginas siguientes, el lector encontrará un campo abierto a la interpretación del universo hispano y sus letras.

Reina Roffé

BORGES

Jorge Luis Borges
(Argentina, 1899)

Desde su comienzo como poeta—con Fervor de Buenos Aires *(1923),* Luna de enfrente *(1925),* Cuaderno San Martín *(1929)—fue objeto de panegiristas y detractores, causando siempre impacto en el ambiente cultural argentino. La etapa de lúcido ensayista, que propició títulos como* Evaristo Carriego *(1930),* Discusión *(1932),* Historia de la eternidad *(1936) y otros, revela las preocupaciones que son eje en toda su obra: la angustia metafísica; el sentido del tiempo, de la vida y del universo; el difuso límite entre realidad e irrealidad. Maestro del cuento fantástico, dio en* Ficciones *(1944),* El Aleph *(1949),* El Hacedor *(1960),* El informe de Brodie *(1970),* El libro de arena *(1975) una nueva medida de lenguaje y de forma. Tanto en su poesía como en su prosa supo combinar lo universal y lo auténticamente criollo, la fantasía y el producto de sus conocimientos excepcionales.*

En los últimos años, distintas circunstancias extraliterarias lo han convertido en una figura pública. Cada acontecimiento o conflicto que se suscita en su país o en el mundo, da motivo a que el periodismo corra a su encuentro, reclame su opinión; aunque estime que es lo más superficial de un escritor y de todo hombre, no retacea vertirla. Muchas veces sus declaraciones han hecho que diversos sectores lo juzguen por algo que él proclama no debe tomarse demasiado en cuenta. Se ha dicho, por ejemplo, que es el típico representante de la oligarquía porteña y que refleja, en lo que dice, el inconsciente de su clase. Por su devoción a la literatura europea se lo ha tildado de extranjerizante; por su dominio de otras lenguas, se le acusó de pensar en inglés y escribir en español; a menudo se lo califica de reaccionario. Borges, que detesta los fanatismos, paradójicamente los provoca. Hay quienes piensan que hace una especie de elitismo lingüístico; otros, en cambio, aseguran acertadamente que es generador de la mayor renovación literaria de este siglo y que, todo intento de llevar a cabo una escritura de importancia debe pasar por una reflexión sobre la obra borgeana.

2

Jorge Luis Borges
El memorioso

Poe creía que la poesía era una obra puramente intelectual. Yo creo que no, que puramente intelectual no puede hacerse. Se necesita, ante todo, emoción; yo no concibo una página escrita sin emoción, sería un mero juego de palabras en el sentido más triste de esa expresión.

Jorge Luis Borges
"El memorioso"

Reina Roffé — Usted alguna vez dijo que sus cuentos preferidos eran "La intrusa," "El Aleph," "El Sur." ¿Sigue creyendo esto?

Jorge Luis Borges — No, ahora mi cuento preferido es "Ulrica." Ulrica es una muchacha noruega que está en un lugar muy culto, en York, lugar del todo distinto; en cambio en "La intrusa" son arrabales de Buenos Aires, arrabales de Adrogué, de Turdera y todo ocurre hacia 1890 y tantos; son incomparables ambos cuentos, yo creo que es mejor "Ulrica." Pero hay gente que dice que el mejor cuento mío o quizás el único es "Funes, el memorioso," que es un lindo cuento que salió de una larga experiencia del insomnio. Yo vivía en el hotel de Adrogué que ha sido demolido, yo trataba de dormir y me imaginaba ese vasto hotel, sus muchos patios, las muchas ventanas, los distintos pisos y no podía dormir. Entonces pensé en ese cuento, en un hombre abrumado por una memoria infinita, que es "Funes, el memorioso." Ese hombre no puede olvidar nada y cada día le deja literalmente millares de imágenes; él no puede librarse de ellas y él muere muy joven abrumado por su memoria infinita. Es el mismo argumento de otros cuentos míos; yo presento cosas que parecen regalos, que parecen dones y luego se descubre que son terribles. Por ejemplo, un objeto inolvidable en "El Zahir;" y luego, una enciclopedia de un mundo fantástico en "Tlön, Uqbar, Orbis Tertius;" luego, en "El Aleph" hay un punto donde se concentran todos los puntos de todo el espacio cósmico. Esas cosas resultan terribles. Y he escrito un cuento que he publicado en Buenos Aires, "La memoria de Shakespeare." Ese cuento me fue dado por un sueño. Yo estaba en East Lansing, nos contábamos sueños María Kodama y yo. Ella me preguntó qué había soñado. Yo le dije: un sueño muy confuso del cual recuerdo una frase. La frase era en inglés: *I sell you Shakespeare's memory*. Luego pensé que lo de vender estaba mal, ese trabajo comercial me desagradó, entonces pensé en una persona que le da a otra la memoria de Shakespeare o la que él tuvo unos días antes de morir. Ese cuento está hecho para ser un cuento terrible, un hombre que está abrumado por la memoria de Shakespeare casi se enloquece y no puede comunicárselo a nadie porque Shakespeare lo ha comunicado mejor en su obra escrita, en las tragedias, en los dramas históricos, en las comedias y en los sonetos.

Roffé — ¿"El Golem" y "Límites" son sus poemas preferidos o los que usted piensa que están más acabados?

Borges — Bueno, Bioy Casares me dijo que "El Golem" era el mejor poema mío, porque hay humorismo y en otros poemas no. "Límites" corresponde a una experiencia que todo el mundo ha tenido y que quizás otros poetas no la hayan expresado; el hecho de que cuando uno llega a cierta edad o quizás antes de llegar a cierta edad, uno ejecuta muchos actos por última vez. Yo llegué a sentir eso. Yo ya era un hombre viejo y mirando la biblioteca pensé: cuántos libros hay aquí que yo ya he leído y no volveré a leer; y luego también la idea que cada vez que uno se encuentra con una persona equivale a una despedida posible, ya que uno puede no verla más. Es decir, que estamos diciendo adiós a las cosas continuamente y esto no lo sabemos.

Roffé — ¿Y a sí mismo también, porque creo que el poema termina diciendo "...y Borges ya me dejan"?

Borges — "...espacio y tiempo y Borges ya me dejan" creo, ¿no? A mí se me ocurrió ese argumento hace como cuarenta años, entonces lo atribuí a un poeta imaginario montevideano que se llamaba Julio Gatero Haedo; ese poema tenía seis líneas, luego me di cuenta de que había mayores posibilidades y surgió el poema "Límites" que es la misma idea: "Para siempre cerraste alguna puerta/ y hay un espejo que te aguarda en vano;/ la encrucijada te parece abierta/ y la vigilia, cuadrifonte, Jano."

Roffé — ¿El escritor repite a lo largo de su obra las mismas ideas o las que recoge de otros?

Borges — Yo tengo muy pocas ideas, de modo que siempre estoy reescribiendo el mismo poema con ligeras variaciones y con la esperanza de enmendarlo, de mejorarlo. Lo que uno lee es algo muy importante. Eso se ha notado en la obra de Leopoldo Lugones; detrás de cada libro de Lugones hay un autor que es una especie de ángel tutelar. Detrás de *Lunario sentimental* está Julio Laforgue, detrás de toda su obra está Hugo, que para Lugones era uno de los grandes cuatro poetas. Lugones enumera esos cuatro poetas.

Para él cronológicamente vendrían a ser: Homero, Dante, Hugo y Whitman. Pero él se abstiene de Whitman cuando publica *Lunario sentimental,* porque él creía que la rima es esencial y como Whitman es uno de los padres del verso libre, ya no era un poeta ejemplar para él.

Roffé — ¿Antes usted creía que Whitman era toda la poesía?

Borges — Sí, pero es un error suponer que alguien sea toda la poesía, siempre queda mal.

Roffé — Borges, usted en "La intrusa" plantea un tema que es el tema de la amistad.

Borges — Bueno, eso es lo que mucha gente no ha querido entender. Yo lo planteo de un modo bastante evidente y quizás también cruel ¿no?, pero lo sitúo entre gente primitiva.

Roffé — En "La busca de Averroes" usted crea una atmósfera donde todo parece inalcanzable, inútil. Usted mismo dice que es el proceso de una derrota.

Borges — Ese es un tema mucho más complejo. El tema de "La busca de Averroes" es éste: si yo elijo a Averroes como protagonista de un cuento ese Averroes no es realmente Averroes, soy yo; y tiene dos límites. Por ejemplo, usted no sabe árabe y yo escribo un poema a Heráclito con el mismo tema y digo Heráclito no sabe griego, claro...porque Heráclito no es realmente el Heráclito histórico, sino yo jugando a ser Heráclito. Sí, yo creo que voy evocando a Averroes y al final, al final del relato, comprendo que ese Averroes es simplemente una proyección mía; entonces hago que él se mire en el espejo, se mira en el espejo y él no ve a nadie, porque yo no sé qué cara tenía Averroes; entonces se diluye el cuento. Todo eso salió de la lectura de un libro de Renan sobre Averroes.

Roffé — Antes hablábamos de los ángeles tutelares que tienen los escritores. ¿Cuáles son los suyos?

Borges — Yo querría ser digno de Stevenson, o de Chesterton, por ejemplo; pero no sé si lo soy ¿eh? En todo caso los he leído con mucho placer, aunque mi escritura sea torpe. Yo no sé si soy un buen escritor, pero un buen lector sí, lo cual es más importante. Soy un lector agradecido y ecléctico, un lector católico, digamos. Yo he estudiado algunos idiomas, he tratado de conocer toda la literatura, lo cual es imposible; pero, en fin, siento gratitud por tantos idiomas, por tantos autores, por tantos países. En este sentido, América ha sido tan generosa con el mundo, sobre todo New England. En New England está Poe, Melville, Thoreau; está Emily Dickinson, Henry James.

Roffé — En "El milagro secreto" hay un relato dentro del relato.

Borges — Bueno, es el juego que encontramos en *Las mil y una noches* continuamente; y lo usó Cervantes también. Usted recuerda que en la primera parte de *El Quijote* está la novela de "El curioso impertinente," es el mismo juego; o el escenario en el escenario en la tragedia de *Hamlet*.

Roffé — En su cuento "El jardín de los senderos que se bifurcan" hay laberintos en el espacio y en el tiempo. ¿De dónde proviene su idea del laberinto?

Borges — Todo eso proviene de un grabado en un libro francés en que estaban las siete maravillas del mundo y entre ellas estaba el laberinto que era como una gran plaza de toros, pero muy alta; se veía que era muy alta porque había un pino que no llegaba a la altura del techo y había hendijas; yo pensé, siendo chico, que si yo miraba bien podía ver al minotauro que estaba adentro, en todo caso jugué con esa idea o me gusta pensar ahora que juego con ella. La palabra es tan linda, sí, laberinto.

Roffé — En sus textos la realidad se borra con la

idea del infinito, pero a la vez usted crea una irrealidad, a mi parecer, que produce angustia...

Borges — Bueno, ojalá. Usted está siendo muy generosa conmigo...

Roffé — ...esto aparece muy claro en "La muerte y la brújula."

Borges — Sí, pero yo voy a tener que reescribir ese cuento, porque lo he escrito de un modo torpe. Yo creo que tengo que reescribirlo y tengo que señalar de un modo más enfático que el detective sabe que van a matarlo, porque si no él es un tonto, mejor que sea un suicida. Además, como los dos personajes se parecen mucho, el criminal se llama Red Scharlach y el detective se llama Lönnrot, *rot* es rojo en alemán, y razonan del mismo modo, sería mejor modificar un poco el final, quitarle el elemento de sorpresa que puede haber. Claro, cuando yo escribí ese cuento lo escribí como un cuento policial, pero ahora creo que ese cuento puede tener algo distinto, que puede ser una especie de metáfora de un suicidio, es decir, que puede enriquecerse mediante cuatro o cinco líneas más; salvo que soy tan haragán...tendría que hacerme leer ese cuento en voz alta, yo tendría que fijarme en los pasajes...

Roffé — ¿Acaso no es una metáfora del suicidio, porque él va a buscar su muerte?

Borges — Sí, pero yo creo que en el texto no se entiende bien eso o yo mismo no lo entendí, pero algo debí haber entendido ya que uno se llama Red Scharlach, *scharlach* es escarlata en alemán y *red* es rojo; y el otro es Erik que hace pensar en Federico El Rojo que descubrió América; luego Lönnrot, *rot* es rojo, es decir yo los he visto como el mismo personaje. Sería mejor que ese cuento fuese leído como un cuento fantástico o como una metáfora del suicidio, digamos.

Roffé — ¿Usted acostumbra a reescribir sus cuentos?

Borges — No lo he hecho hasta ahora; sólo con los poemas. Creo que el gran poeta William Butler Yeats hacía lo mismo. Por eso los amigos le dijeron que él no tenía derecho de haber modificado sus "older poems" y él dijo: "It is myself that I remake", es decir, al modificarlos yo mismo me estoy rehaciendo. Cuando yo escribo un cuento es porque he recibido una suerte de revelación, digamos, lo digo con toda humildad; es decir, he entrevisto algo, generalmente el principio y el fin de la fábula y yo tengo que suplir lo que falta, lo que está entre el principio y el fin. Yo empecé con una idea meramente policial de un crimen que se comete para llevar a alguien a cierto lugar y matarlo; ahora he entrevisto otras posibilidades, quizás cuando escribí ese cuento no había entrevisto todas. De modo que yo pienso reescribirlo para quitarle todo elemento de sorpresa y para que el lector sienta que el detective es un voluntario suicida.

Roffé — En cierta oportunidad usted dijo que la literatura está hecha de artificios y que conviene que no los note el lector.

Borges — Desde luego, si el lector nota un artificio se perjudica el texto.

Roffé — ¿Cuáles son los artificios, los secretos, sus claves para escribir?

Borges — Yo no tengo ninguno; creo que cada cuento impone su técnica, es decir, a mí se me ocurre algo de un modo vago y luego voy averiguando si eso debo escribirlo en prosa o en verso, si conviene el verso libre, si conviene la forma del soneto; todo eso me lo ha sido revelado verbalmente o yo lo busco y no siempre lo encuentro, desde luego. Creo que hay dos elementos en la creación literaria: uno, puede ser de carácter psicológico o mágico, puede ser la musa, puede ser el espíritu, podría ser lo que los psicólogos llaman la subconsciencia; y el otro, es donde ya trabaja la inteligencia y conviene usar de los dos. Poe creía que la poesía era una obra puramente intelectual, yo creo que no, que puramente intelectual no puede hacerse. Se necesita, ante todo, emoción; yo no concibo una página escrita sin emoción, sería un mero juego de palabras en el sentido más triste de esa expresión.

Roffé — En el poema "La noche cíclica" usted parece descreer de toda filosofía.

Borges — Sí, pero tiendo a ser idealista, se supone que todo es un sueño, tiendo a suponer eso, a imaginar eso. Es decir, yo puedo descreer del mundo material, pero no del mundo de la mente. Puedo descreer del espacio, pero no del tiempo.

Roffé — En otro de sus cuentos, en "Los teólogos" se plantea el tema de la identidad personal.

Borges — Tiene razón, ese cuento es la historia de dos enemigos; al final se encuentran creo que en el cielo y descubren que para Dios son la misma persona; es decir, que las diferencias que los separaban eran mínimas y uno lo hace quemar al otro, ¿no? Qué raro, usted es la primera persona en el mundo que me habla de ese cuento.

Roffé — Han hablado muchas otras personas de ese cuento...

Borges — ...pero a mí no me han dicho nada. Yo he encontrado dos referencias en la poesía; una es Walt Whitman que está al principio de *Leaves of Grass* que dice: "I know little or nothing concerning myself"; luego, Hugo dice con una hermosa metáfora: "Je suis voilé pour moi même: Je ne sais pas mon vrai nom." Estoy velado para mí mismo; no sé mi verdadero nombre. Esa imagen del hombre velado para sí mismo es muy linda; es la misma idea, quiere decir que los dos sintieron lo mismo; los dos grandes poetas, Whitman y Hugo, sintieron que no sabían quiénes eran.

Roffé — ¿Usted cree que la visión del mundo como un caos es el tema de "La Biblioteca de Babel"?

Borges — Es lo que siento desgraciadamente, pero quizás sea secretamente un cosmos, quizás haya un orden que no podemos percibir; en todo caso debemos pensar eso para seguir viviendo. Yo preferiría pensar que, a pesar de tanto horror, hay un fin ético en el universo, que el universo propende al bien, en ese argumento pongo mis esperanzas...

Roffé — ...¿pero usted cree que el universo es absurdo?

Borges — Yo creo que tendemos a sentirlo así; no es una cuestión de inteligencia sino de sentimientos. No sé, yo tengo la impresión de que uno vive entre gente insensata. Bernard Shaw dijo que no había adultos, en todo caso en occidente; la prueba está, dice, que un hombre de noventa años muere con un palo de golf en la mano, es decir, hay personas a quienes los años no le traen sabiduría sino golf. Yo tengo un poco esa impresión también, pero no sé si siempre soy adulto, en todo caso trato de serlo, de no dejarme llevar por pasiones, por prejuicios; es muy difícil, ya que de algún modo todos somos víctimas y quizás cómplices también, dada la sociedad actual que es indefendible.

Roffé — A propósito de esto, en otro de sus cuentos que aparece en *El libro de arena* que se llama "El congreso"...

Borges — Ah, sí...ese cuento es el más ambicioso mío...

Roffé — ¿Tiene algo de autobiográfico?

Borges — No, ese cuento empieza siendo un cuento de Kafka y concluye siendo un cuento de Chesterton. Es una vasta empresa, esa empresa va confundiéndose con el universo, pero cuando descubren eso no se sienten defraudados sino muy felices.

Hay una especie de apoteosis al final, creo recordar. Bueno, yo he pensado que ese cuento convendría reescribirlo y arreglarlo, habría que acentuar más los caracteres porque como yo lo he escrito son simplemente nombres, habría que inventar, soñar bien esos personajes, habría que inventar episodios que no figuran allí y podría ser una pequeña novela, una breve novela ya que yo soy incapaz de trabajos largos; soy muy haragán.

Roffé — En una de las primeras páginas de este cuento se dice: "Me he afiliado al partido conservador y a un club de ajedrez". ¿Usted es conservador, Borges?

Borges — Yo no sé si queda algo que conservar, todavía.

Roffé — ¿Tal vez el club de ajedrez?

Borges — Sí, salvo que soy pésimo ajedrecista. Mi padre me enseñó el ajedrez y me derrotaba siempre; él jugaba bien y yo nunca aprendí. El ajedrez es una hermosa invención árabe o de la India, no se sabe. En *Las mil y una noches* se habla del ajedrez, ¿se acuerda? Hay un cuento de un príncipe que había sido convertido en mono; entonces él para demostrar que es un hombre juega al ajedrez. Es uno de los cuentos de *Las mil y una noches,* ese libro espléndido, en el cual hay también sueños adentro de sueños, y sueños adentro de esos otros sueños.

Roffé — En sus cuentos anteriores, usted tiende hacia el rojo en alguna de las descripciones, pero últimamente aparece mucho más el color oro.

Borges — Bueno, yo no sabía eso y le agradezco la información, pero yo pensaba que los últimos cuentos míos eran incoloros, digamos, que no había colores, pero quizás quede el oro o la plata, sí, aunque realmente no sé si están ahí o quedan esas hermosas palabras oro y plata. No sé si yo me he imaginado bien las cosas, cuando uno escribe lo hace un poco en función de la palabra también; como oro y plata son lindas palabras en todos los idiomas...

Roffé — *Martín Fierro* siempre es tema de discusión ¿Hablamos del personaje?

Borges — Creo que *Martín Fierro* es estéticamente admirable, pero éticamente es horrible. La obra es, desde luego, espléndida; uno cree en el personaje del todo, además es imposible que no haya existido, pero no es un personaje, digamos, ejemplar. Además quería pasarse al enemigo que eran los indios entonces y yo no creo que la historia del *Martín Fierro* pueda ser, como se ha supuesto, la historia del típico general de los gauchos, ya que si todos hubieran desertado no se hubiera conquistado el desierto, tenía un tipo distinto. *Martín Fierro* corresponde, digamos, al gaucho malo de Sarmiento, al tipo del matrero que no fue muy común. Una prueba de ello es que aún recordamos a Hormiga Negra, a Juan Moreira; en Entre Ríos a Calandria, es decir, ese tipo fue excepcional, los gauchos en general no eran matreros. Yo profeso la mayor admiración por el *Martín Fierro,* yo podría recitarle a usted páginas y páginas de memoria, pero no creo que el personaje sea ejemplar ni que Hernández lo haya pensado como ejemplar. Eso lo inventó Lugones cuando escribió *El Payador* en el año 1916. Él propone el *Martín Fierro* como una epopeya argentina y al personaje como un personaje ejemplar, como un héroe, como un paladín, lo cual es evidentemente falso.

Roffé — ¿Usted le regaló un ejemplar de *Don Segundo Sombra* de Ricardo Güiraldes al cuchillero Nicolás Paredes?

Borges — Sí, se sintió muy defraudado. Me dijo: *¿este criollo a qué hora pelea?* ... Le voy a contar algo de Don Segundo... Yo conocí a gente de San Antonio de Areco. Yo voy a escribir sobre esto alguna vez, pero si usted quiere adelantarlo mejor...

Roffé — Claro que sí...

Borges — Bueno, la vejez de Don Segundo Sombra fue muy rara. Él era el capataz de la estancia *La Porteña* de Güiraldes en San Antonio de Areco que está al norte de la provincia de Buenos Aires. Güiraldes lo tomó como modelo para el libro. Don Segundo era santafecino, es decir, un poco extranjero para la provincia de Buenos Aires. Se llamaba Don Segundo Ramírez Sombra; Güiraldes, con buen sentido literario, omitió el Ramírez que no dice nada y quedó Don Segundo Sombra. Que está muy bien, porque Segundo presupone un primero y Sombra presupone una forma que la proyecta. Don Segundo se hizo famoso. Güiraldes llevó a la estancia a personas como Ortega y Gasset, Waldo Frank, Victoria Ocampo, La Rochelle, para que lo conocieran... En el pueblo, en San Antonio, había cuchilleros que habían sido guardaespaldas del padre de Güiraldes, que fue Intendente de San Antonio; éstos estaban furiosos, decían por qué el niño Ricardo había escrito un libro sobre este viejo infeliz que no sabe cómo se agarra un cuchillo, entonces lo provocaban. De modo que la vida del viejo Don Segundo, que era un hombre tranquilo, pasó a ser una vida muy cambiante. Pasó de ser un personaje legendario a ser un viejo santafecino a quien provocaban los otros. Los nombres de quienes lo desafiaban muestran que eran gente brava, debían muchas muertes. Había uno que se llamaba el Toro Negro; el otro, al hijo de él le decían el Torito; después estaba Soto que era famoso. De modo que Don Segundo Sombra entraba en un almacén y cuando veía que por otra puerta entraba uno de estos malevos, el viejo huía inmediatamente...Soto era un hombre bastante bravo. Llegó un día al pueblo un circo. En el circo había un domador de leones. La gente estaba asombrada. Tenía la desgracia de llamarse Soto, entonces empezaron a hablar de este Soto. A Soto, el cuchillero, le dio rabia porque hablaban de Soto, pero ese Soto era otro. Cuando el domador estaba una tarde en el despacho de bebidas se le acercó Soto el cuchillero y le dijo: *Yo quiero saber su gracia,* su nombre. El otro le respondió: *Soto, para servirlo.* El cuchillero dijo: *Aquí el único Soto soy yo, de modo que no se apure, elija su arma y yo lo espero afuera.* Nunca se peleaba bajo techo, porque era ofender la casa, aunque la casa fuese un prostíbulo. El domador no sabía qué hacer, pero alguien le dio un puñal. Entonces salieron a la calle y como el domador no sabía manejar el cuchillo, Soto lo mató. Luego todos los testigos, creo que entre ellos había un vigilante también, dijeron que el domador lo había provocado. Además como éste era el héroe local y el otro era un forastero, todo quedó como si nada hubiese pasado. Así que si uno tiene como enemigos a gente como Soto, el Toro Negro o el Torito es mejor cuidarse, ¿no? Efectivamente, Don Segundo Sombra se cuidó. Murió no sé en qué fecha. Todos nosotros le hicimos una broma a Güiraldes. Cuando Don Segundo murió nosotros publicamos una nota en el diario diciendo que se desmentía el rumor de que el cadáver de Don Segundo iba a ser repatriado a un lugar de Italia, tratándolo como si fuese un gringo.

Roffé — Usted representa el espíritu cosmopolita, habla desde una cultura universal.

Borges — Tanto como universal no sé, hago lo que puedo.

Roffé — ¿De dónde proviene su cultura, sus primeras lecturas, su formación?

Borges — Bueno, yo le debo mucho a la literatura inglesa, incluyendo a la americana, desde luego. En casa casi todos los libros eran en inglés; la Biblia era

15

la King James' Bible; *Las mil y una noches,* la de Lane
o la de Burton, etc. Mi padre me dio los libros ingleses
de su biblioteca, de modo que en casa hablábamos
indistintamente inglés y castellano; yo hablaba español con mi abuela materna que se llamaba Leonor
Suárez de Acevedo y en inglés con mi abuela paterna
Frances Ann Haslam de Borges que se casó con ese
coronel Borges que se hizo matar.

Roffé — A pesar de su cultura universal, en sus
cuentos aparecen compadritos cuchilleros. ¿Cómo eran
los compadritos de antes?

Borges — Es cierto. Bueno, yo no sé cómo eran
realmente, porque los que yo alcancé ya eran malevos
jubilados ¿no?

Roffé — ¿Siempre estaban debiendo una muerte?

Borges — Sí, en todo caso se suponía eso y, a
veces, más de una muerte también. Yo recuerdo a un
amigo, el caudillo Paredes de Palermo que decía:
"Quién no debía una muerte en mi tiempo, hasta el más
infeliz".

Roffé — Eran hombres de mucho coraje.

Borges — Sí, coraje individual ya que no tenían
ideales de ninguna especie.

Roffé — ¿Usted es un cultor del coraje?

Borges — Sí, quizás porque sea físicamente muy
cobarde ¿no?, entonces admiro lo que me falta. Coraje
cívico tengo, pero físico ninguno; mi dentista lo sabe
muy bien.

Roffé — Usted siempre dice que su abuelo y su
padre se dejaron morir.

Borges — Bueno, lo de mi padre fue un acto de
mayor valentía; porque morir en una batalla debe ser
bastante fácil; pero renunciar a todo medicamento, a
todo alimento como mi padre, me parece una muerte
más heroica. En una batalla es más fácil hacerse matar;
pero durante sesenta días no comer, tomar sólo un

16

vaso de agua cuando lo quemaba la sed, no permitir que lo atendieran, rehusar inyecciones debe ser bastante difícil.

Roffé — ¿Cómo era el Buenos Aires de antes, el que usted conoció, cómo es Buenos Aires ahora?

Borges — Yo no sé cómo es ahora, yo no lo conozco ya. El que yo alcancé era un Buenos Aires pequeño en el espacio, pero creciente, lleno de esperanza y ahora somos una ciudad muy grande y bastante triste, bastante descorazonada, por hechos que son de dominio público, digamos. Creo que esa es la diferencia, entre algo pequeño, creciente y algo grande y que se desmorona.

Roffé — ¿Se ha producido una especie de decadencia?

Borges — Yo creo que sí, pero, bueno, tal vez los jóvenes, de ellos depende el porvenir, no piensen como yo. Yo, sinceramente, me siento incapaz de una esperanza lógica, pero quién sabe si las cosas son realmente lógicas, por qué no creer en milagros.

Roffé — Recuerdo una nota que desató una gran polémica en 1971, una nota titulada "Leyenda y realidad", donde usted manifestaba su posición en contra del peronismo.

Borges — Claro, por razones éticas, nada más, yo no soy político. No estoy afiliado a ningún partido.

Roffé — ¿Usted fue perseguido en la época peronista?

Borges — No, más o menos, me amenazaron de muerte, pero después se olvidaron. A mi madre sí, mi madre estuvo un mes presa, mi hermana también, un sobrino mío también; pero conmigo no, se limitaron a amenazas telefónicas; yo me di cuenta que estaba perfectamente seguro, si alguien va a matar a otro no se lo va a comunicar por teléfono antes ¿no?, por tonto que sea.

Roffé — En uno de sus textos, "El simulacro," usted presenta a Perón como el dictador y a Eva Duarte, su mujer, como una muñeca rubia, y dice que crearon una crasa mitología.

Borges — Eso ocurrió realmente en el Chaco. El hecho que yo refiero ahí, que no recuerdo muy bien, era ése, era el hecho de pasear una muñeca que simulaba ser el cadáver de Eva y un señor que simulaba ser Perón. Y ganaron bastante dinero con eso. Me lo han contado dos personas que no se conocen, de modo que ocurrió en el Chaco, yo no lo he inventado, además no es una hermosa invención tampoco; es bastante torpe, bastante desagradable ver a una persona que se pasea con un ataúd, con una figura de cera, que está jugando a ser un cadáver; es una idea terrible, y que se pague para ver eso y que la gente rece. Sí, crasa mitología viene a ser lo justo; yo me había olvidado totalmente de esa página. Pero usted tiene razón, yo lo escribí y lo escribí porque me había llamado tanto la atención...me lo contaron dos personas distintas, dos chaqueños que no se conocían entre sí, con bastante diferencia entre uno y otro.

Roffé — Usted descree de la democracia. ¿Cuál sería el gobierno ideal para Borges?

Borges — Yo diría que las palabras gobierno e ideal se contradicen. Yo preferiría que fuéramos dignos de un mundo sin gobiernos y sin gobierno, pero tendremos que esperar unos siglos, tal vez. Habría que llegar a un estado universal, se ahorrarían los países, eso sería una ventaja y luego no habría necesidad de un estado si todos los ciudadanos fuesen justos, las riquezas fueran bien repartidas, no como ahora que hay mucha gente que dispone de muchos bienes espirituales y materiales y gente que no dispone de nada. Todo eso tiene que corregirse, pero quizás tengamos que esperar unos siglos para que se modifiquen esas cosas.

Roffé — Dicen que Macedonio, a quien usted conoció, era anarquista.

Borges — Claro que sí, yo le debo tanto a Macedonio... Sí, en ese sentido era spencereano. Creo que él hablaba de un máximo de individuo y mínimo de Estado.

Roffé — ¿Usted piensa lo mismo?

Borges — Sí, claro. Ahora estamos *over-ridden,* estamos *haunted* por el Estado, el Estado se mete en todo. Cuando fuimos a Europa en el año 14 viajamos de Buenos Aires hasta Bremen sin pasaportes, no había pasaportes; éstos vinieron después de la Primera Guerra Mundial, la época de la desconfianza. Antes se recorría el mundo como una gran casa con muchas habitaciones. Ahora usted no puede dar un paso sin demostrar quién es. El Estado está constantemente abrumándonos.

Roffé — Usted ha recibido muchos premios y ha sido postulado para el Premio Nobel varias veces...

Borges — Sí, pero los suecos son muy sensatos, yo no merezco ese premio.

Roffé — ¿Cuál sería el premio que usted desearía recibir?

Borges — El Premio Nobel, desde luego, pero sé que no lo recibiré, lo cual lo hace aún más codiciable.

Roffé — ¿Qué proyectos tiene para el futuro, está escribiendo algo?

Borges — Sí, tengo que vivir para escribir varios libros.

Roffé — Y un cuento que tiene que ver con el tema de la amistad.

Borges — Sí, que va a ser mi mejor cuento, el que borrará a todos los otros. Se llama "Los amigos,"

19

aunque es el nombre de un restaurante...qué le vamos a hacer; es el nombre de un café.

ONETTI

Juan Carlos Onetti
(Uruguay, 1909)

Así como Borges es eje fundamental en la literatura moderna argentina, Onetti lo es para la uruguaya. Aunque su obra no fue reconocida en el momento justo, ha ido ganando, sin embargo, un espacio importante en las letras contemporáneas. Hoy la crítica lo considera como un precursor incuestionable de los grandes escritores del "boom". Sus cuentos y novelas —El pozo *(1939)*, Tierra de nadie *(1941)*, Para esta noche *(1943)*, La vida breve *(1950)*, Los adioses *(1954)*, Una tumba sin nombre *(1959)*, El astillero *(1960)*, Juntacadáveres *(1964)*, La muerte y la niña *(1973)*, entre otros— recrean el mundo de la ciudad rioplatense. A partir de La vida breve *inaugura lo que se ha dado en llamar la saga de Santa María, lugar que es —como el Macondo de García Márquez y el Comala de Rulfo— un centro mítico. Santa María, imaginada y soñada por Onetti, se convierte en el tema principal de sus creaciones, en las que rondan seres taciturnos, de vida oscura y marginal, a quienes la incomunicación y el vacío urbano los coloca al borde de la desesperanza. Con una densidad de estilo que recuerda a Faulkner y de la misma forma con que Céline penetra en las zonas más sórdidas del individuo y su ámbito, Onetti ha sabido imponer su voz personal a estas historias de hombres angustiados que buscan —por diferentes caminos, rostros y nombres— una identidad.*

Juan Carlos Onetti
Un escritor

*...la gestación de una novela no puede ser deter-
minada en un tiempo, sino que se va fabricando
dentro de uno, y cuando uno empieza a escribirla
se vuelve a reproducir, y crece, y aparecen otros
personajes, aparecen otros argumentos, aparecen
otros climas, aparecen otros tiempos.*

Juan Carlos Onetti
"Un escritor"

Jorge Ruffinelli — ¿Cuándo fueron los primeros
viajes suyos a Buenos Aires, los dos primeros intentos
de radicación?

Juan Carlos Onetti — El primer intento fue en el
año 30, exactamente en el mes de marzo. El 6 de septiembre de ese mismo año vino el golpe de Uriburu
aunque, claro, todo esto era una consecuencia de la
caída de Wall Street del 29, ¿no?, que estaba cole-
teando acá. Me acuerdo que una de mis primeras sorpresas —y agradable sorpresa— cuando llegué a
Buenos Aires fue ver que todavía quedaban pegados
carteles de elecciones que decían: "Yrigoyen, la gran
esperanza argentina", y el primer firmante era Jorge
Luis Borges. Entonces me pareció muy lindo eso. Y
después, bueno, llegó el 6 de septiembre, se fue Yrigoyen a la cárcel de Martín García, y parece que el

joven Borges cambió de idea y pensó que José Félix Uriburu era la gran esperanza argentina.

Ruffinelli — En 1930 usted tenía 21 años...

Onetti — Se supone...

Ruffinelli — ¿Por qué se fue del Uruguay?

Onetti — Porque no conseguía trabajo aquí, simplemente.

Ruffinelli — ¿Y qué consiguió en Buenos Aires?

Onetti — Nada. Hice de todo. Bueno, ya había hecho de todo acá, pero, en fin... Trabajé en una gomería — como llaman en Buenos Aires a un taller de reparaciones—, y después pasé a trabajar en una empresa que fabricaba silos para las cooperativas agrarias. Las acciones, me acuerdo, tenían el aval del gobierno de Uriburu; luego aparece Justo como presidente de la República, y los avales se retiran y la empresa se funde. Y bueno, me tuve que ir. Después hice una serie de tareas de toda clase.

Julio Jaime — ¿Es por entonces que ya empezás a escribir?

Onetti — ¿En ese momento?... Bueno, en realidad cuando yo empecé a escribir fue en el año 33. Digo, desde el punto de vista de la publicación, porque escribir escribía desde siempre, para mí. Fue en el 33 cuando hubo un concurso en *La Prensa,* y premiaban diez cuentos con la suma entonces fabulosa de cuatrocientos pesos por cuento. Y ahí apareció mucha gente: algunos que ya estaban concluidos, otros que después desaparecieron, pero del único hombre que me acuerdo —aunque no de su nombre, tal vez tú lo sepas— es el autor de la letra del tango *El zorro gris*, que también mandó un cuento y ganó uno de los premios.

Jaime — ¿Cómo era el tango? ¿No te acordás?

Onetti — "Cuántas noches fatídicas de vicio..." Si los jóvenes no lo saben m'hijo, estoy listo.

24

Jaime — Y estás un poco listo porque no me acuerdo... No lo sé.

Ruffinelli — Como no se lo mencionó, quiero concretar: uno de los diez cuentos premiados es "Avenida de Mayo — Diagonal — Avenida de Mayo".

Onetti — Sí señor, sí, exactamente.

Jaime — ¿Ese cuento se publicó?

Onetti — Sí, claro, se publicaron todos, publicaron los diez premiados.

Jaime — ¿Ya entonces eras un buen lector?

Onetti — Sí, es un vicio de la infancia. Yo creo que en parte mi miopía responde a que yo me hacía la rabona, como se dice en Montevideo —hacerse la rata se dice en Buenos Aires— y me encerraba en el Museo Pedagógico que tenía una iluminación pésima, y me tragué todas las obras de Julio Verne. Todo. Me acuerdo que eran unos libracos de tapas rojas. Claro, mi familia creía que yo estaba en la escuela o en el liceo, no me acuerdo, en esa época. Después largué el liceo, sí, porque no pude nunca aprobar dibujo. Nunca: fracasé en todos los intentos que hice. Así por no saber dibujar no pude ser abogado, por ejemplo.

Jaime — ¡Qué curioso! Me acuerdo que se comentó que sos el autor de la tapa de la primera edición de "El pozo", con un falso Picasso...

Onetti — No, no es cierto. Sí que hay un falso Picasso, pero no lo hice yo, lo hizo un amigo que se llama Canel. Y me divertía en parte el chiste, pero una vez me llegó a ser muy violento. Porque un señor —en aquel tiempo creo que era simplemente diputado, después llegó a ser Ministro del Interior— vino a verme desesperado a la oficina en Montevideo, para preguntarme de dónde había sacado yo ese grabado de Picasso. Que él tenía la colección, estaba seguro, completamente seguro de que tenía todos los Picassos, los grabados —reproducciones, naturalmente— y no

25

sabía de dónde yo había conseguido... Y bueno, para mí fue una situación muy violenta, de vergüenza: no podía decirle al hombre la verdad, porque la verdad era humillante para él. Y, en fin...

Jaime — Juan, ¿me podés decir de tu paso por la publicidad?

Onetti — Mi paso por la publicidad fue muy divertido. Había un señor que tenía una agencia de publicidad en Montevideo y en Buenos Aires. Claro que la base principal estaba en Buenos Aires. Ahora bien, yo trabajaba en ese tiempo en una revista de publicidad que se llamaba *Impetu*...

Jaime — ¿La dirigías, incluso?

Onetti — Sí, la hacía, la hacía totalmente, y era un trabajo muy cómodo porque la hacía cuando se me daba la gana. Salía una vez por mes, era una revista muy pequeña, yo traducía cosas para allí, hacía sesudos editoriales sobre...

Jaime — Sobre el consumo...

Onetti — Sí, sobre el consumo, casi todos robados... Pero sigo contando: este dueño de la empresa de publicidad me ofreció un sueldo fabuloso para que yo trabajara en las dos agencias de Montevideo y Buenos Aires. La tentación no era tanto la del sueldo, sino la posibilidad de viajar de Montevideo a Buenos Aires regularmente. Acepté y entonces el hombre me disfrazó de publicitario: me acuerdo que me llevó a un sastre, me hizo hacer un sobretodo, dos trajes, la clase de zapatos que tenía que usar, unos guantes de pecarí que hoy los tiene una dama —se los regalé. Bueno, sí que era un tipo repugnante... Ahora, sucedió que cuando yo acepté ese puesto con la esperanza de poder ir de Montevideo a Buenos Aires todas las semanas, Perón cortó los viajes al Uruguay. La única vía de llegar acá era viajando a Asunción. Bueno, llegué a Asunción con mi atuendo de publicitario. Había una

26

fila de taxímetros, por supuesto: eran coches para contrabando, indudablemente. Y el que me tocó a mí fue un Cadillac novísimo, que manejaba un hombre con los pies desnudos. Bueno, no sé cuántas vueltas me hizo dar hasta que me llevó al hotel, y quedamos en que a la mañana siguiente me vendría a buscar para ir a la agencia a sacar pasajes. Esa noche me dormí, me defendí de los mosquitos como pude, y al otro día cae el hombre, me lleva a la agencia para sacar pasaje a Montevideo...y cuando estoy pagando, cuando estoy pagando el pasaje, el hombre se me acerca, se me acerca demasiado y se pone a mirar. Claro que yo había hecho cambio de guaraníes a argentinos y a uruguayos, así que estaba mostrando dinero, cuando vi que él se acercaba y miraba demasiado... Bueno, eso me pareció sospechoso. De todas maneras, se arregla el asunto del pasaje y salgo. Y el hombre me dice: "¿No me acompañaría unas cuadritas, patrón?", me dice. Ya estaba anocheciendo; en Asunción el anochecer es muy rápido, muy violento... Y bueno, yo me dije —el hombre era indudablemente indio, no sé a qué tribu pertenecía—, en la primera esquina oscura éste me encaja una cuchillada. Pero no me quise achicar y le contesté: "Sí, cómo no, cómo no lo voy a acompañar, vamos." Entonces caminamos unas cuadras y fuimos a un boliche. El tipo me invitó a entrar, y ahí tomamos varias copas de esa famosa caña paraguaya, de la que no sé el nombre ahora. Cuando fui a pagar —el hombre hablaba en guaraní con el del mostrador—, me dijo "¡No! Ta todo pagao." Y yo me dije: "Bueno, ya éste me tiene liquidado, se convino con el tipo del mostrador..." (Si no me equivoco, ahora me acuerdo, se llamaba *Mariposa* aquella famosa caña paraguaya). Fue entonces que me dijo: "Yo quería decirle una cosa, patroncito." Se levanta la camisa y me muestra, así, todos agujeros de bala: había estado en la guerra del Chaco y había sobrevivido no sabía cómo... "Lo que yo quería decirle era esto: cuando yo lo vi a usted, por la ropa que traía yo pensé que era porteño. Y entonces había planeado estafarlo en el viaje, pero ahora le voy a devolver toda la plata que le robé dando vueltas por Asunción. Y mañana lo llevo a Campo Grande" — creo que así se llama el aeródromo internacional. "Bueno, yo pensaba darle vueltas y cobrarle miles y miles, pero porque yo creía que usted era porteño. Entonces, cuando yo me acerqué en la agencia de viajes, y usted creyó que yo me acercaba por la plata, no era por eso... Yo quería ver el pasaporte suyo. Y cuando vi que era uruguayo, bueno, entonces ya todo cambió... Porque López y Artigas son únicos. Nosotros estamos siempre contra el gobierno de Buenos Aires y ahí nos tenemos que mantener..." Esto lo cuento como algo... así, un poco extraño, de un analfabeto —creo que se llamaba Anacleto Medina—, de un indio analfabeto que manejaba un Cadillac y tenía sus firmes opiniones políticas...

Ruffinelli — Ya que ha hablado de su pasaje por la publicidad, nos importa que diga también algo sobre su pasaje por el periodismo: las incursiones iniciales en Argentina y después los años fundamentales de *Marcha*, en Montevideo.

Onetti — En la Argentina trabajé en una revista que no sé si existe todavía: se llamaba *Vea y Lea*. Allí era secretario de redacción. Después trabajé en la mencionada *Impetu*, que era una revista de publicidad, donde, reitero, estaba muy cómodo, salía una vez por mes y todo el trabajo lo podía hacer en casa si me daba la gana. Más adelante vengo a Montevideo, trabajo en una agencia de automóviles, hasta que Quijano decide fundar *Marcha*. Y bueno, Quijano era muy amigo de mi hermano —y mi hermano hasta creo que era adjunto a la cátedra de *Estadística* de Quijano—, y me ofreció la secretaría de redacción de *Marcha*. Yo conocía *El Nacional*, que había sacado Quijano unos años antes, ¿no?, hasta que lo fundieron, y su posición antiimperialista estaba totalmente de acuerdo conmigo. O yo estaba totalmente de acuerdo con ella.

Ruffinelli — ¿Cómo fueron los primeros tiempos de *Marcha*? ¿Es cierto que trabajaba 28 horas por día?

Onetti — Heroicos tiempos de *Marcha*... Bueno, sí, es algo así como una perífrasis decir 28 horas por día, pero en realidad yo seguía hasta el día siguiente, y casi todas las noches me iba a dormir a uno de esos lugares donde te alquilan cama... Creo que pagaba un peso por noche... Y había también un sabotaje en la imprenta. Bueno, me acuerdo de que el primer número de *Marcha* lo terminé con las medias ensangrentadas totalmente, era ya la mañana del otro día y *Marcha* estaba en la calle. Recuerdo que volví a mi casa y andaban los canillitas gritando: "¡*Marcha, Marcha!*... Violenta carta del doctor Carlos Quijano contra Emilio Frugoni..." Todo mentira, ¿no? Nadie sabía qué era en realidad *Marcha,* ni siquiera nosotros que la estábamos haciendo. Aquello era un monstruo, no había rumbo ninguno. Y, cierto, también recuerdo que el principal pagador era Despouey, a quien le había encargado una página sobre teatro y cine. Llegaba la madrugada, la una, las dos, las tres, y Despouey no aparecía. Entonces yo le decía a Quijano: "Se acabó, acá metemos cualquier otra cosa, no puede ser..." En ese momento aparecía Despouey, le recitaba un poema de Shakespeare a Quijano, Quijano lo reconocía, se abrazaban y chau, entonces había que seguirla, pagar además las horas extras de los linotipistas y publicar lo que traía Despouey, que siempre era muy bueno. Otras veces me encontraba con que el material simplemente no llegaba, y tuve que inventar cuentos con apellidos desconocidos, que posiblemente hoy fueran famosos si los mandara a un concurso de *Marcha*...

Jaime — ¿Qué hay de cierto en aquéllo de que la primera versión de *El pozo* se te pierde en Buenos Aires?

Onetti — Sí, la dejé en Buenos Aires.

Jaime — ¿Y después la reescribiste totalmente?

Onetti — Sí, la reescribí porque dos amigos —uno es Cunha Dotti y el otro José Pedro Díaz— habían comprado una máquina, yo no sé, creo que se llama *Minerva*, una máquina de imprimir, y querían hacer una editorial. Estaba Canel también en el asunto, y me preguntaron si no tenía algo para editar allí. Mentalmente rehice *El pozo*, y creo que no hay mucha diferencia entre la primera versión perdida y la que di después. La publicaron con el famoso grabado de Picasso.

Ruffinelli — Hay algo que me llama la atención y es que *El pozo* instaura o ayuda a instaurar una literatura urbana, junto con los primeros cuentos del 33, pero ahí aparece también el tema del personaje —el "soñador"— que está siempre buscando paraísos perdidos, la infancia o una naturaleza lejana. ¿Eso es o no una contradicción?

Onetti — ¿Dónde está la contradicción?

Ruffinelli — Me refiero a que el personaje urbano se mostraba como un ser alienado, en busca de la aventura.

Onetti — ¡Ah! Es posible que sí, es posible que sí. Pero no era la aventura folklórica.

Jaime — ¿Qué nos podés decir de tus "amores" literarios, Juan?

Onetti — Ya lo dijeron ustedes: se trata de Céline y de Faulkner... Así que yo me limito a suscribir, rubricar...

Jaime — ¿Cómo fue la historia alrededor de "Para esta noche", tu actitud ante la guerra de España?

Onetti — No, no, yo no tengo actitud ante la guerra de España, porque yo creo que no caben actitudes, ¿no? El individuo que no está a favor de la república española es un hijo de perra.

Jaime — Me refería a un intento tuyo, de irte a España.

Onetti — Sí, hubo un intento de irme y era toda una cosa farsesca. Pero lo que me interesa decir de "Para esta noche" es que la historia básica, real, a mí me la contaron dos anarquistas en el *Café Metro*. Cuando el gobierno de Negrín se trasladó a Valencia —ya era el final—, mandaron un barco —se había formado un *Comité de No Intervención,* o algo así— para sacar a los derrotados, a los republicanos. Bueno, algunos vinieron a México, otros a Buenos Aires. Pero en realidad había un truco —según me contaron estos dos anarquistas— que consistía en dar el permiso a todo el mundo, pero el pasaje exclusivamente a comunistas. Eso me lo contaron ellos, y en eso se basó la historia. Uno sé que terminó en Moscú. Del otro nunca supe más.

Jaime — ¿Qué es para vos el amor? ¿Cómo lo definirías?

Onetti — Yo creo haberte dicho alguna vez que no sé el significado total de la pregunta, el significado profundo. ¿Qué es el amor? ¿A qué te refieres? ¿Al amor físico? ¿A enamorarse de una mujer? ¿O a enamorarse de colecciones de porcelanas? ¿O de libros? ¿Qué es el amor?

Jaime — El amor como una cosa totalizadora...

Ruffinelli — O sencillamente el amor entre hombre y mujer.

Onetti — Eso es para mí, fundamentalmente, un

31

problema de intento de integración. De que dos sean uno. Si se me entiende; si no, pregunte más... Es decir, un intento imposible, condenado al fracaso desde el principio.

Jaime — ¿Porque se convertiría en un egoísmo de dos?

Onetti — Sí, pero además por la total imposibilidad de la comprensión absoluta. Eso no sucede nunca.

Jaime — ¿Y qué es para vos la literatura?

Onetti — ¿Qué es para mí la literatura? Yo qué sé, te diría lo mismo si preguntaras qué es para mí la lectura. Es un vicio. Ahora bien, yo no tengo la menor pretensión de cambiar el mundo, de modificarlo con lo que escribo. En realidad, tengo que reiterar algo que ya dije varias veces, y que es una anécdota de James Joyce. Una chica francesa consiguió una vez una entrevista con James Joyce, y le preguntó: "¿Para quién escribe usted?" James Joyce le dijo: "Ah, muy sencillo: yo me siento en una punta del escritorio, en la otra punta está sentado el señor James Joyce, y entonces yo le escribo cartas".

Jaime — ¿Cómo se gestó *La vida breve*?

Onetti — Me parece que la respuesta es imposible, porque la gestación de una novela no puede ser determinada en un tiempo, sino que se va fabricando dentro de uno, y cuando uno empieza a escribirla se vuelve a reproducir, y crece, y aparecen otros personajes, aparecen otros argumentos, aparecen otros climas, aparecen otros tiempos. De modo que a la pregunta "¿Cómo se gestó?", te contestaría: "No sé".

Ruffinelli — En cambio ¿puede decir algo sobre la creación de Santa María, a partir de *La vida breve*?

Onetti — Santa María sí, podría intentar explicar, sin estar seguro de decir la verdad, que surgió justamente cuando por el gobierno peronista yo no podía venir a Montevideo. Entonces me busqué una ciudad imparcial, digamos, a la que bauticé Santa María y que tiene mucho parecido — geográfico, físico — con la ciudad de Paraná, en Entre Ríos... No olvidemos también que Entre Ríos fue artiguista, ¿no?, pertenecía a la confederación de Artigas, junto con Corrientes y no recuerdo con qué otras provincias que contábamos en aquel tiempo.

Jaime — ¿Alguna vez dibujaste Santa María?

Onetti — No... Una vez mi hijo hizo un mapa hipotético de Santa María, que me ayudó para mover los personajes, para no equivocarme, para no repetir calles... Después perdí el mapa, y siguió, Santa María, de cualquier manera.

Jaime — ¿Quién es Larsen? ¿Cuántos son?

Onetti — Y... Larsen son varios tipos. Es el resumen de varias personas que he conocido. Al primer Larsen que conocí — y ahora, si se pierde tiempo lo voy a lamentar... — yo tendría veintiún años y trabajaba en esa empresa que fabricaba silos para las cooperativas agrarias, lo llamaré Ramonsiño porque era el nombre que le dábamos y a lo mejor está vivo. El trabajaba de ayudante de tenedor de libros, el antifaz que usaba para evadir la ley Palacios de deportación de los proxenetas. Y él tenía dos mujeres en los prostíbulos. En aquel tiempo — no me acuerdo ahora cuál era el barrio de los prostíbulos bonaerenses, pero había, sí, en el límite de la Capital Federal, varias zonas de prostíbulos —, este hombre era muy joven, tenía veinte años, como yo, o veintiuno. Me llamó la atención porque cuando salíamos del trabajo él se iba a la peluquería que estaba enfrente, en la calle Defensa, pero después se quejaba siempre de la afeitada que le habían dado: que le quedaba barba, que no era perfecta la afeitada, que el trabajo de manicura tampoco lo satisfacía... Bueno, esto siempre. Y entonces me asombró que eso le preocupara a un tipo que parecía tan viril. Después él me dijo que tenía a dos mujeres trabajando en los prostíbulos. Y me acuerdo, así, fundamentalmente, de un día en que, al salir del trabajo, en el boliche de la esquina me lo encuentro a este hombre llorando. No era el hombre para llorar, y por eso me llamó la atención, le pregunté qué le pasaba. Y lo que le pasaba era que al "Bebe" lo habían asesinado frente a uno de los prostíbulos. Y el "Bebe" era la "gran esperanza argentina" prostibularia frente a los marselleses. Lo habían liquidado... Bueno, el hombre, como dice el tango, "lloró como una mujer". Pero era un orgullo patriótico, ¿entendés? Porque los marselleses habían ganado en ese golpe, y la gran esperanza de ellos había sido que el "Bebe" los liquidara a los marselleses y los prostíbulos volvieran a ser argentinos... Era una ambición muy comprensible ¿no?

Ruffinelli — ¿Los otros modelos de Larsen tenían también relación con los prostíbulos?

Onetti — Hubo otro modelo. Hay modelos que me salteo, pero un modelo que me importa es, por ejemplo, el último Larsen que conocí, y que estaba siempre en una zona no exactamente de prostíbulos sino de eso que llaman "Dancing". En ese momento se ubicaban en la calle Rincón y 25 de Mayo, ahora están en el puerto, ¿verdad? Bien, entonces un día yo estaba en la mesa de uno de esos boliches, y un tipo abre la puerta y le pregunta al mozo o al patrón: "Ché, ¿vino Junta?" "No, todavía no vino". Yo me quedé cavilando con el nombre "Junta": pensé en Buenos Aires, pensé en Primera Junta... Bueno, no lo ubicaba. Después volvieron a preguntar por "Junta" y entonces hablé con el mozo, le dije: "Qué nombre raro...¿quién es "Junta"? "No, me contestó, le llaman Junta porque le dicen Juntacadáveres. Ahora el hombre está en decadencia y sólo consigue monstruos, mujeres ya pasadas de edad o de gordura, o pasadas de flacura." Ahora bien, una noche, noche de Reyes, un amigo, que es amigo de todos nosotros, no se animaba a volver a su casa porque no tenía un peso para llevarle regalos a sus hijas. Estaba muy preocupado y triste. Por eso, con un amigo de la misma editorial, yo organicé una recorrida por los boliches para manguear a todo el mundo... Entonces lo vi a Juntacadáveres —estaba apoyado en el mostrador— y le expliqué el caso, sin dar nombres: "Hay un amigo que no puede volver a su casa sin llevarle un regalo a sus hijas..." Y, bueno, fue el más generoso de todos, creo que me dio cincuenta pesos, que en aquel tiempo era algo muy importante, y además, además...comprendía el problema del tipo. Es decir, nunco tuvo la menor sospecha de que lo estuviera estafando yo, ¿no? Comprendió.

Jaime — ¿Por eso será que lo ves como un artista?

Onetti — No. Yo lo veo como un artista en su afán del prostíbulo perfecto.

Jaime — ¿Cómo te acordás de Buenos Aires?

Onetti — Ah, ¿ahora querés que te lo cante? "Mi Buenos Aires queridooo..." Cómo me voy a acordar de Buenos Aires... Sufro, sufro. La última vez que estuve allí cada desplazamiento era para mí una fuente de nostalgia, porque yo había estado allí, porque yo había hablado en ese boliche, porque había conversado... Una fuente de nostalgia y de angustia.

Jaime — ¿Por qué en tu obra las mujeres oscilan siempre entre adolescentes y prostitutas, sin que exista un lugar para la mujer sana, adulta, compañera?

Onetti — No sé, no sé los porqués. Pero como no puedo contestar a eso con una respuesta totalmente correcta, entonces prefiero, si me lo permitís, contestar con una anécdota. Yo conocí en Buenos Aires a un psicoanalista francés, cuyo apellido no interesa en este momento, y que un día me hizo, ¿cómo te voy a

35

decir?...un psicoanálisis liviano, con los tests de Rorscharch, o cómo se llame. No sé el nombre exacto. Entonces me preguntó: "¿A ti te gustan las adolescentes?" Yo le dije: "Sí, mucho". "Ah, claro. Porque tú tienes el Complejo de Edipo con tu madre, y la virginidad de tu madre, etcétera, etcétera..." Bueno, pasaron algunos años, me lo encontré en Montevideo, volvimos a charlar en un café y el tipo me somete a lo mismo y me pregunta: "Tú tienes preferencias por las prostitutas, por la mujer con gran experiencia sexual, etcétera, etcétera..." Y yo le dije: "Sí, me gustan mucho". A lo cual me contestó: "Claro, es porque tú tienes el complejo de Edipo, tu madre es puta..." Bueno, en los dos casos la solución era la misma. Mi mamá era virgen o mi mamá era puta.

Ruffinelli — De todas maneras, en uno de sus libros, la opinión de un personaje, por no decir la opinión del autor, es que el espíritu de las muchachas muere o termina a los veinticinco años...

Onetti — Bueno, esa es la opinión de un personaje.

Ruffinelli — ¿Es la opinión personal también?

Onetti — De un personaje, dije.

Ruffinelli — ¿Y no es personal?

Onetti — No... Afortunadamente no.

Jaime — Juan: Para vos ¿qué es la adolescencia y por qué te atrae tanto?

Onetti — ¡Ay!... querido... Me atrae por los mismos motivos que te atrae a ti, ¿no? Y a todos los presentes. Pero ¿se trata de mi adolescencia personal o de la adolescencia en general?

Jaime — La adolescencia en general.

Onetti — ¡Ah! Porque me parece maravillosa en el sentido de perspectivas, de posibilidades, de esa ceguedad ante los desengaños. Es decir, todo eso que yo he perdido, que no tengo más, porque no creo más, lo tienen ellos y ojalá lo sigan teniendo hasta el fin de los siglos.

Ruffinelli — Se dice que Onetti es pesimista y nihilista.

Onetti — Onetti es nihilista y es pesimista. Onetti ha leído a Schopenhauer, y además leyó el Eclesiastés, en algún momento de distracción... Ahora, si usted puede rebatir el Eclesiastés, yo lo oiría con mucho gusto...

Jaime — ¿Vos te imaginás que sos un escritor por fatalidad, Juan?

Onetti — Sí, pienso que sí. Que es un problema de vocación, ¿no?

Jaime — ¿Creés. como dice Vargas Llosa, que el escritor es un disidente, que no acepta la realidad como es o como él cree que es, y trata siempre de corregirla?

Onetti — Yo creo que sí, que se mueve porque no le satisface la realidad, pero no creo que trate de corregirla. Porque me parece que es una tarea que está fuera de él, que no la va a corregir nunca.

Jaime — ¿Qué dirías sobre la llamada "literatura comprometida"?

Onetti — Contra los que están comprometidos de verdad, sinceramente, y hacen buena literatura, no tengo nada que decir. Me parece muy bien, como me sigue pareciendo genial el libro de Malraux *La condición humana* y es literatura comprometida, ¿no? Pero después, que se le dé el visto bueno a toda clase de literatura, de regular para abajo, por el sólo hecho de estar comprometida, eso me parece injusto y absurdo. La literatura es un arte y hay que ser un artista para hacer buena literatura.

Ruffinelli — ¿No cree pues, que el escritor, como ser social, debe dedicar tiempo y talento para interpretar su tiempo?

Onetti — Eso a mí me parece un absurdo. Porque la vida es demasiado corta para que un escritor la dedique a eso, a interpretar su "tiempo". Tiene que interpretar su "experiencia" de su tiempo, su visión personal de lo que ocurre.

CORTAZAR

Julio Cortázar
(Argentina, 1914-1984)

Aunque a partir de los años 60 haya incorporado a sus textos, de manera notoria, las preocupaciones concernientes a la realidad social y política latinoamericana, de sus libros —Bestiario *(1951)*, Final de juego *(1956)*, Las armas secretas *(1958)*, Los premios *(1960)*, Rayuela *(1963)*, Todos los fuegos el fuego *(1966)*, Libro de Manuel *(1973)*, Queremos tanto a Glenda *(1981)*, *entre otros— se desprende su fuerte predilección por la literatura fantástica. El interés de Cortázar por lo fantástico va unido a la necesidad de ampliar la visión del mundo, de mostrar una super o suprarrealidad que vaya más allá del orden racional. Si bien en sus primeros cuentos se perfila un estilo "antiliterario", es en* Rayuela *donde alcanza con mayor exactitud la disolución de las formas tenidas hasta entonces como "literarias". Esta novela es un desafío a la lógica o a todo sistema social y narrativo establecido; aparecen en ella los temas más frecuentados por el autor: la búsqueda de lo auténtico y el drama del exilio voluntario.*

A pesar de haber vivido por más de 30 años en Europa, siempre estuvo ligado a la Argentina, como su misma obra lo prueba, y a los proyectos revolucionarios del continente —para los cuales desarrolló una intensa actividad de apoyo. A su muerte, acaecida el 11 de febrero de 1984 en París, Mario Vargas Llosa dijo: "Fue un extraordinario escritor que contribuyó decisivamente al florecimiento de la narrativa latinoamericana... Fue, pues, algo así como la piedra de base, el eje de lo que se llamó el "boom" de la narrativa contemporánea... Todas las personas que conocíamos a Cortázar sabíamos que había en él, además de un gran prosista, un hombre de imaginación inusitada y una vasta cultura literaria, de extraordinaria calidad humana, sumamente generoso, afable, con quien resultaba instructivo y grato estar". Sin lugar a dudas, Julio Cortázar ha trazado con su obra un nuevo itinerario que ya es clave en la creación de la literatura moderna.

Julio Cortázar
Modelos para desarmar

> *Yo sigo buscando, a mi manera, eso que en* Rayuela
> *se define como el* kibbutz *del deseo o el centro. Esos*
> *nombres intentan dar una idea aproximada de la bús-*
> *queda de un eje, a partir del cual se pueda imaginar,*
> *sentir e incluso vivir la realidad de una manera*
> *armoniosa, de una manera coherente — que no es*
> *el caso dentro del panorama histórico usual.*

Julio Cortázar
"Modelos para desarmar"

Saúl Sosnowski — ¿*Libro de Manuel* muestra, a través de la incorporación de recortes, la necesidad de incorporar a tu literatura el boletín diario?

Julio Cortázar — Cuando comencé a escribir *Libro de Manuel* yo estaba leyendo simultáneamente la prensa, es decir, los diarios que me llegaban de Buenos Aires, revistas y además los diarios franceses, y entonces, paralelamente a mi trabajo de invención literaria, estaba recibiendo una información de tipo histórico, de tipo político, y en un momento dado me pareció que en vez de introducir ese contenido por la vía de los diálogos—que fueran solamente los personajes que hablaran de eso—era mucho mejor utilizar de manera facsimilar las noticias en sí mismas y por eso el libro está lleno de recortes y de reproducciones directas de telegramas y de noticias que dentro del libro son leídas por los personajes. O sea que lo que yo estaba haciendo desde afuera como autor, los personajes lo estaban viviendo desde dentro del libro. Me pareció que eso le daba una mayor autenticidad, una mayor vida y al mismo tiempo lo que le daba era una especie de certificado de verdad, porque una de las frecuentes críticas — de los que en bloque podríamos llamar nuestros adversarios o nuestros enemigos — consiste en sostener que las noticias que introducimos en nuestros libros son falsas. Ahora, desde luego, cuando eso viene avalado por una agencia noticiosa, cuando se reproduce facsimilarmente la noticia, a quien se puede acusar en último extremo es a la agencia de noticia de falsedad, pero no ya al autor del libro. O sea que al lector se le da el documento directo y él es el que tiene que juzgar.

Sosnowski — Una cosa que resulta interesante es también la correlación con otros textos que prescinden del material histórico y que de alguna manera transformaste para ajustarte a estas nuevas circunstancias. Estoy pensando, por ejemplo, en el hecho de que se utilizan ciertos elementos que subrayan un compromiso ético individual en "Las babas del diablo" y que esos mismos recursos técnicos, digamos, que aparecen en "Las babas" se ven totalmente transformados en un texto crucial dentro de tu obra que es "Apocalipsis de Solentiname." Es decir, en ambos tenemos diapositivas que se transforman, pero en un caso se transforman en un centro mucho más individual, mucho más recortado; en el caso de "Apocalipsis de Solentiname" estás representando una realidad muy concreta de un país.

Cortázar — Me gusta la manera de hacer encontrar, de hacer coincidir dos relatos separados por muchos años de distancia; porque es cierto, de alguna manera son una ilustración de lo que estábamos di-

42

ciendo a propósito del cambio que hubo en mi visión del mundo después de la experiencia de la Revolución cubana. En "Las babas del diablo" hay efectivamente fotografías que modifican la visión personal de la realidad de un personaje, pero eso, de todas maneras, se sigue cumpliendo como en *Rayuela* dentro de un plano muy personal, muy individual, sin ninguna proyección de tipo histórico. El personaje está solo en el cuento, tiene un problema y ese problema es *su* problema. En cambio, en "Apocalipsis de Solentiname" las diapositivas que se proyectan reflejan esa nueva visión del mundo en la que yo fui entrando a partir de los años 60. Es decir, que ya no se trata de un problema exclusivamente personal de ese fotógrafo, sino que es un problema de tipo histórico que está marcando el destino de todos los pueblos de América Latina. El, el fotógrafo, lo sufre como una experiencia individual, desde luego todos vivimos individualmente los procesos históricos, pero al mismo tiempo con una conciencia muy aguda de que son procesos que lo trascienden y que abarcan ya al prójimo. Esa noción de prójimo de la que yo no tenía ninguna idea precisa antes de esa época.

Sosnowski — Pero que ya se nota en "El perseguidor."

Cortázar — Yo creo que "El perseguidor" es del momento en que yo no tenía conciencia clara; sin embargo, eso lo veo ahora, es de cuando comencé a plantearme ese tipo de problemas, cuando comencé a salir de una actitud que tal vez se podría calificar de demasiado egoísta o demasiado egotista y empecé a mirar un poco más allá de lo que lo había hecho hasta ese momento.

Sosnowski — ¿Ves eso como un elemento crucial dentro de lo que va, digamos desde "Casa tomada" en *Bestiario* hasta *Queremos tanto a Glenda* o hasta

43

Deshoras? Me refiero especialmente al hecho de que hablaste en otra ocasión: la historia se cuela por las ventanas. ¿No se colaba tanto cuando escribiste *Bestiario*, cuando escribiste *Los reyes*, es decir se va colando más luego? ¿Te parece uno de los ejes que también se pueden registrar como cambios dentro de tu obra?

Cortázar — Desde luego, yo creo que eso es un diferente enfoque de todo lo que hemos estado hablando hasta este momento. Mi participación, digamos, en la historia, en la época en que escribí "Casa tomada" y todos los cuentos de *Bestiario* hasta la época de *Rayuela* inclusive, era una participación de tipo teórico. Durante la segunda Guerra Mundial, naturalmente, yo defendía la causa de los aliados contra los nazis; durante la guerra de España defendía la causa de los republicanos contra los franquistas, pero era lo que yo llamo ahora defensas de café, porque eran conversaciones con los amigos en los cafés, a lo sumo algún incidente en la calle cuando había una manifestación. No había una participación directa, nunca se nos ocurrió que podíamos hacer mucho más por la causa que defendíamos. Simplemente estábamos del lado de los aliados, del lado de los republicanos en un plano de simpatía, en un plano exclusivamente teórico que no incluía la posibilidad, por ejemplo, no diré de incorporarse personalmente, pero sí de participar en comités, en obras de solidaridad, en trabajos de conjunto. Es decir, ya entrar en un trabajo de tipo político; no, eso fue un proceso que se fue haciendo muy lentamente a partir de la experiencia de la Revolución cubana.

Sosnowski — ¿Qué significa para vos *Rayuela* a veinte años de su publicación?

Cortázar — Significa una fuente continua de sorpresas. Siempre me ha parecido que un libro cumple un ciclo; si es un buen libro despierta, en una primera etapa, entusiasmo, tiene lectores, tiene críticos y luego, como es natural, el libro va entrando lentamente en un limbo, en que ya tiene su lugar en la biblioteca y tiene su lugar en la memoria, porque las nuevas producciones literarias son las que toman la escena, son las que toman la delantera. Bueno, en el caso de *Rayuela* ha sucedido que después de 20 años de su publicación yo vengo a descubrir que, por ejemplo, en España ahora las nuevas ediciones que se hacen de *Rayuela* siguen siendo leídas por los jóvenes. Es decir, es un poco como si el libro acabara de salir por primera vez. Eso es para mí una fuente de maravilla y no lo digo con una falsa modestia, en absoluto, es una fuente de maravilla, de asombro porque cuando yo escribí *Rayuela* jamás pensé que estaba escribiendo un libro cuyos lectores de elección serían sobre todo los jóvenes. Yo pensé que escribía un libro para la gente de mi edad. Cuando apareció el libro la gente de mi edad no lo entendió; las primeras críticas, que lógicamente estaban a cargo de ellos porque eran los que firmaban en los periódicos, fueron muy negativas, atacaron duramente el libro, pero en ese momento comenzó a ser leído por los jóvenes. Y ahí el libro encontró quizás su destino último—que se mantiene así a lo largo de dos décadas. De modo que es para mí una admirable recompensa.

Sosnowski — ¿Sigue siendo el libro que te llevarías a la isla proverbial?

Cortázar — Creo que sí.

Sosnowski — ¿A pesar de todas las otras cosas que has escrito?

Cortázar — El otro día me hicieron una pregunta equivalente y dudé un momento. Llevo escritos tal vez más de 80 cuentos, ahora me doy cuenta cuando veo todos los libros juntos que es una cantidad realmente enorme. Es evidente que yo quiero mucho mis cuentos, estoy muy cerca de ellos y no los puedo considerar por separado, sino que los veo en su conjunto; a lo mejor me llevaría los cuentos a la isla, pero estaría también pensando todo el tiempo en *Rayuela.*

Sosnowski — En tus libros siempre hay un personaje que busca, que persigue algo, pero la meta se va transformando. Me refiero a Johnny Carter, a Oliveira y a los que vienen luego en *Libro de Manuel.* ¿Hay algún dato especial que está marcando los diferentes pasos de estos perseguidores?

Cortázar — Sí, la meta se va, tal vez más que transformando, ampliando. En el fondo no creo que haya una transformación profunda. En efecto, esos perseguidores me reflejan de una manera bastante directa en ese plano, no en otro, pero sí en el plano de la persecución. Yo sigo buscando a mi manera eso que en *Rayuela* se define como el kibbutz del deseo o el centro. Esos nombres que intentan dar una idea aproximada de esa búsqueda de un eje a partir del cual se pueda imaginar, sentir e incluso vivir una realidad de una manera armoniosa, de una manera coherente— que no es el caso dentro del panorama histórico usual. Lo que sucede es que los primeros perseguidores, los primeros personajes son profundamente individualistas y todo lo que persiguen lo persiguen por ellos y para ellos...

Sosnowski — Una autosatisfacción...

Cortázar — Absolutamente...y con finalidades de tipo filosófico, de tipo metafísico. Yo creo que en ese sentido el ejemplo más claro es el de Horacio Oliveira. Los perseguidores que empiezan a llegar después, los otros personajes, como puede ser el caso de Andrés en *Libro de Manuel,* ya están más allá de eso. No han renunciado en absoluto a la persecución que podríamos llamar interior...

Sosnowski — Como vos tampoco renunciaste a ella.

Cortázar — Como tampoco yo renuncio ni renunciaré, pero a la vez tienen ya la mirada puesta en el prójimo y cuando digo prójimo estoy entrando ya en el dominio histórico. Es decir, tienen la mirada puesta en los procesos dentro de los cuales ellos están contenidos, dentro de los contextos geopolíticos, los contextos históricos, ya han dejado de ser indiferentes a eso como lo era Oliveira. O sea, la persecución es básicamente la misma, pero la apertura de foco, me parece a mí, que es mucho mayor.

Sosnowski — Estaba pensando también en *62. Modelo para armar* que parece que quizás haya significado la clausura de un cierto ciclo, a pesar de Calac y Polanco y ese montaje de los herederos del Club de la Serpiente. ¿Lo ves de esa manera, como un ciclo que iba a arrancarse—se llevó a cabo en *62*—pero que te diste cuenta que quizás era otra la línea que preferías seguir?

Cortázar — No, no, nunca lo vi así. En realidad, me parece que, por lo menos, mi proceso mental fue más o menos el siguiente: cuando terminé *Rayuela* y sobre todo cuando se publicó *Rayuela* hubo esa reacción por parte de los lectores que es bastante frecuente, en el sentido en que se quedan a la espera de que el autor escriba una especie de segunda parte ¿no? De la misma manera que Alejandro Dumas tuvo que escribir *Veinte años después* una vez que *Los tres mosqueteros* tuvo el éxito que tuvo, porque el público se lo pedía. Bueno, eso a mí me parece totalmente inadmisible como exigencia. Yo tengo una muy buena relación con mis lectores, pero no al punto de seguir sus instrucciones; eran instrucciones muy cariñosas, pero había el deseo de que, de alguna manera, *Rayuela* continuara. Y eso hubiera sido, sobre todo, caer en una solución de facilidad porque una vez que un escritor está encaminado dentro de un cierto vehículo técnico, una manera de llevar adelante una novela, no es demasiado difícil imaginar una continuación. Y una vez más yo me acordé de una frase de André Gide que siempre me ha perseguido a lo largo de la vida cuando decía algo así como: *Il faut jamais profiter de l'elan pris,* no hay que utilizar nunca el impulso que se ha tomado, hay que cortarlo y hacer otra cosa. A mí me pareció un muy buen consejo para un escritor. Entonces, cuando sentí el deseo de escribir otra novela decidí hacer algo que no tuviera nada que ver con *Rayuela.* Ahora, curiosamente eso como está dicho al comienzo en su título, en *62,* parto de una reflexión que hace Morelli en una de sus pequeñas notas en *Rayuela,* decir si existe la posibilidad de escribir una novela donde se renuncie a las conductas psicológicas, a la ley de casualidad que determina las diferentes interacciones entre los individuos basados en sus sentimientos: el amor, el odio, los celos, la envidia, etc. Traté de hacer otra cosa y me metí en un mundo muy complicado, en un mundo que es fantástico, que es mágico, entre otros, el mundo del vampirismo que naturalmente está tratado de una manera un poco paródica en *62,* pero a la vez con mucha seriedad porque creo que sabés que yo soy un poco vampirólogo y que el tema de vampiros siempre lo he tomado profundamente en serio. No soy de los que rechaza eso abiertamente, creo que es un mito, si querés, pero como todos los mitos responde a una verdad profunda de nuestra naturaleza. Habría sido muy interesante que, por ejemplo, Jung se hubiera ocupado de los vampiros; creo que no lo hizo nunca y es una lástima porque una investigación de tipo arquetípico por parte de alguien como Jung hubiera dado resultados extraordinarios. Bueno, en fin, para resumir, *62* se fue por otro camino que no tenía nada que ver con *Rayuela*.

Sosnowski — Pero sin embargo Calac y Polanco estarían muy cómodos dentro de la Serpiente, aunque eran mucho más Cronopios que los otros.

Cortázar — Bueno, hay fatalidades para un escritor y eso me lo han hecho ver los críticos. Los críticos me son a mí muy útiles, en la medida en que son inteligentes y buenos críticos, porque siempre me han mostrado cosas de las cuales yo como escritor soy inconsciente. Por ejemplo, algún crítico, ya no sé quién, me hizo notar lo que vos me estás diciendo ahora, que no sólo en *Rayuela* y en *62* sino luego también en *Libro de Manuel* yo no sé manejar personajes aislados, siempre creo grupos...

Sosnowski — Comunidades.

Cortázar — Comunidades o es el grupo que hace La Joda en *Libro de Manuel* o es el Club de la Serpiente o es el grupo de amigos que se reúnen en el café *Cluny* en *62*. Una vez que yo los tengo a ellos todos reunidos ahí, es decir, ya lo están desde el principio, comienzan sus itinerarios individuales y personales; pero es como si me hiciera falta una especie de agrupamiento inicial de los personajes. Y en ese sentido, *62* sigue el camino de *Rayuela* y *Libro de Manuel* sigue el camino de los otros dos.

Sosnowski — Es inevitable que hablemos de una etapa anterior y a la que ya apuntaste un poco: tus inicios en la revista *Sur* que claramente llevaron a la apertura de una conciencia y de lo mejor del liberalismo a las actividades que te llevan a este trajín tan necesario para todos nosotros. ¿Podrías decirnos algo de lo que fue ese período de la etapa de profesor de la que hablaste en la carta a Felisberto Hernández? ¿Qué fue esa etapa casi pre-Cortázar que conocemos a través de tus libros?

Cortázar — Bueno, hablaste de mi vinculación con *Sur* y de mi trabajo de profesor. Mi trabajo de profesor precede a la vinculación con *Sur*, porque fue un trabajo de profesor de enseñanza normal del interior de la provincia de Buenos Aires. Es decir, en condiciones de soledad bastante negativas y bastante penosas, pero que al mismo tiempo tenían su lado estimulante, porque yo fui profesor en dos pequeñas ciudades del interior que se llaman Bolívar y Chivilcoy en donde la vida intelectual en esa época —espero y deseo que haya cambiado— era absolutamente comparable a cero, no existía, era mínima. Eso que era un factor muy negativo porque me condenaba a mí a una soledad obligatoria, tuvo también su lado positivo porque fue una época en la que absorbí una cantidad enorme de lecturas, en que me dediqué a estudiar temas específicos, cosas absurdas como por ejemplo leerme las obras completas de Freud y creo que las obras completas de Menéndez y Pelayo. Es decir, eso que se hace cuando uno tiene todo el día libre y absolutamente nada que hacer. Bueno, ése fue un lado bastante positivo y me dio tiempo además para empezar a escribir textos que jamás fueron ni serán publicados—tuve mucha autocrítica, no quise publicar hasta mucho después. Tenía el ejemplo triste de algunos compañeros y amigos que publicaban lo primero que escribían y al año siguiente querían suicidarse pensando que ese libro estaba en otras manos, porque se arrepentían de lo que habían hecho. Esa etapa docente, como la muy breve que cumplí en la Facultad de Filosofía y Letras en Mendoza fue sumamente útil porque me dio suficiente soledad como para leer todos los libros que había a mi alcance y explorar mentalmente una serie de horizontes que el horizonte real no me daba. Después de eso pude volver a Buenos Aires y fue en ese momento en donde la lectura de algunos libros que me interesaban me llevó a escribir pequeñas críticas, pequeñas reseñas que de alguna manera llegaron a manos de alguien en la revista *Sur* y entonces me pidieron que de tanto en tanto les diera material. Fue así como conocí a Victoria Ocampo, como conocí a José Bianco y más tarde, en una última etapa, conocí también a Ernesto Sábato, que fue secretario de la revista *Sur*. Nunca tuve relaciones directas, es decir, no pertenecía al equipo de *Sur*. Yo llevaba una vida muy solitaria en Buenos Aires; la soledad se me había contagiado y me sentía mejor así, pero de todas maneras tenía un excelente contacto con esa gente y además hubo alguien que fue un elemento muy útil en mi vida en esa época, y estoy hablando de Francisco Ayala. Franciso Ayala estaba en Buenos Aires y él había creado una revista que se llamaba *Realidad* que publicó varios números. Como él había leído algo de mí en *Sur* me pidió notas bibliográficas y fue entonces cuando se sitúa ese episodio que creo bastante significativo, mi reseña de *Adán Buenosayres* de Leopoldo Marechal.

Sosnowski — A eso quería llegar.

Cortázar — Sucedió que estábamos en pleno peronismo y naturalmente tanto el grupo de *Sur* como, en principio, toda la inteligencia burguesa o pequeño burguesa y liberal argentina era antiperonista, resueltamente antiperonista. Del lado del peronismo había muy pocos artistas y muy pocos escritores, entre los escritores estaba Leopoldo Marechal. Todos mis amigos y yo mismo considerábamos que su conducta, políticamente hablando, era insensata, puesto que estábamos en contra del régimen peronista. En ese momento aparece *Adán Buenosayres* y, como es natural y frecuente, la lectura de ese libro se hizo en términos políticos y entonces los mejores escritores del momento, los más conocidos, Eduardo Mallea, por ejemplo, reaccionaron violentamente contra el libro, le encontraron todos los defectos imaginables, no vieron ninguna de sus cualidades y entre tanto yo había leído ese libro y me había deslumbrado. Es decir, dejé totalmente de lado mi opinión política con respecto a Marechal, a quien no conocía yo personalmente, y en cambio descubrí ahí a un gran escritor y a un hombre que estaba haciendo una tentativa en profundidad que no se había hecho hasta ese momento en la Argentina. Entonces escribí ese artículo sobre *Adán Buenosayres* y Francisco Ayala lo publicó en *Realidad* y se produjo un pequeño escándalo en Buenos Aires. Durante quince días yo recibí amenazas e insultos telefónicos, por ejemplo, anónimos, de gente que me insultaba por todos lados porque consideraba que yo me estaba pasando al peronismo con ese artículo. Yo sigo muy contento de haberlo escrito, porque me pareció que era la conducta que podía mostrar la única actitud posible frente a una situación tan confusa y tan turbia, si todo lo reducíamos a factores políticos e ignorábamos las calidades literarias por una cuestión de fanatismo político, pues creo que estábamos todos perdidos. A lo largo del tiempo el juego se dio de otra manera, *Adán Buenosayres* es hoy un clásico de nuestra literatura y Marechal tuvo finalmente el reconocimiento que merecía.

Sosnowski — Creo que otro de los puntales de la época a quien recientemente releíste en una edición de Carlos Lolé es Roberto Arlt. ¿Qué significó Roberto Arlt en ese momento o es un descubrimiento posterior para vos?

Cortázar — No, es un descubrimiento anterior. Es un descubrimiento de la juventud.

Sosnowski — ¿De la época en que salían los libros?

Cortázar — De la época en que salían los libros o quizás unos pocos años después de la aparición de los primeros libros. Está bien que cites los libros, porque las ediciones de Arlt eran muy especiales. Había una editorial que se llamaba *Claridad* en esa época que publicó a Arlt y eran unos libros muy baratos, costaban cincuenta centavos de la época, realmente el precio de dos paquetes de cigarrillos y aunque también se los encontraba en librerías, se vendían en los quioscos de periódicos. Es decir, la editorial *Claridad* era una editorial de izquierda con características un poco anarquistas además, dirigida por Antonio Zamora que hacía un trabajo bastante importante en ese plano y entonces, nosotros, los muchachos que estábamos terminando los estudios secundarios y naturalmente no teníamos un centavo, teníamos los centavos como para poder comprar en los quioscos esos libros baratos. Entonces, fue el momento en que descubrimos al mismo tiempo a Roberto Arlt, a Nicolás Olivari, a Elías Castelnuovo, a Alvaro Yunque, es decir, todo ese grupo de libertarios, anarquistas, gente con una visión política un poco confusa pero resueltamente en contra del sistema oligárquico ya bien manifiesto en la Argentina en esa época. Ahora, de todos ellos—apenas yo empecé a leerlos—la figura de Arlt se me dio como la más importante. Empecé a leer los cuentos y después las dos novelas, *Los siete locos* y *Los lanzallamas,* y fue una gran sacudida interior, una gran revelación porque de manera casi simbólica sucedió que todos estábamos ya bajo el hechizo de Jorge Luis Borges, o sea que simultáneamente nos pusimos a leer a Borges que representaba la línea de una literatura en su rarificación más genial y más alta, y al mismo tiempo leíamos a Roberto Arlt que es la sumersión en lo más profundo de la ciudad. Es decir, los dos lados de la medalla argentina de esa época, para decirlo así. El ejemplo literario de Arlt tuvo para mí una importancia extraordinaria. Es decir, si Borges me dio a mí una gran lección de rigor de escritura y me mostró el camino de un estilo, si querés, que no fuera una vez más ese estilo lleno de floripondios y exageraciones, con demasiada influencia española de la mala, Arlt me mostró el camino de una literatura de contacto directo con la realidad de la ciudad, con Buenos Aires. Entonces fue una experiencia traumatizante que la relectura que hice hace tres o cuatro años para escribir ese prólogo no hizo más que confirmar. Sigo creyendo que Arlt era un hombre que escribía muy mal, con defectos, con muy poca autocrítica, era un hombre con lagunas culturales muy grandes; es exactamente el reverso de Borges, pero precisamente por eso él tocó cosas que Borges hubiera sido incapaz de alcanzar. El contacto directo con el hampa, con la vida de las redacciones, de los periódicos sensacionalistas de Buenos Aires, la pobreza, los dramas personales de Arlt son lo que le dan la levadura, la levadura de esos libros admirables.

Sosnowski — La biblioteca frente a la calle.

Cortázar — La biblioteca frente a la calle, exactamente; es una buena definición, una buena fórmula.

Sosnowski — Mencionaste la contraposición con Borges, hablemos unos segundos sobre lo que significa la literatura fantástica en esa corriente de la época frente a la cual Arlt claramente ofrecía una opción totalmente diferente.

Cortázar — El problema de lo fantástico en la Argentina, yo diría en el Río de la Plata porque se da también en el Uruguay, yo creo que ha sido ya explorado por algunos críticos, pero hasta ahora ni ellos ni yo, en lo que he tratado de asomarme a ese problema, creo que hemos encontrado una explicación satisfactoria. Por qué el mundo de la literatura fantástica se dio con tal intensidad en esos dos países del Río de la Plata, cuando es mucho menos perceptible en el resto de América Latina, donde la literatura toma ese camino que Alejo Carpentier calificará de barroco o de realismo mágico, etc. Por qué un sentimiento de lo fantástico está presente en la obra de escritores rioplatenses, como es el caso de Horacio Quiroga, como es el caso de Borges, como es el caso de Felisberto Hernández y como es también mi caso. Hasta hoy no hay una respuesta satisfactoria. Un poco paradójicamente a mí se me ocurrió alguna vez que tal vez nosotros caíamos en lo fantástico por el hecho de que la realidad que nos circundaba no tenía la riqueza y la abundancia tropical que hay en los países más al norte; es más pobre el Uruguay y la Argentina en su contexto circundante. Hay también —y ésa sería otra posible aproximación a una respuesta— las influencias de tipo literario. En mi caso, la más palpable, la más evidente y la más querida por mí es la de Edgar Allan Poe. No hay que olvidarse que Edgar Allan Poe era muy leído en la Argentina y en el Uruguay, era considerado un maestro. Hay que pensar también que la influencia francesa se hacía sentir, aunque lo fantástico no es la nota fuerte de la literatura francesa, pero sí la literatura anglosajona en su conjunto. Eso que se llamó la novela gótica, por ejemplo; bueno, toda esa tradición de Maturin, de la Señora Radcliffe, de todos los escritores del gótico inglés, ésas eran lecturas predilectas de Bioy Casares y de Borges, que con alguna frecuencia hacen referencias o citas. No sé cuáles eran las lecturas de Horacio Quiroga, tal vez su sentimiento de lo fantástico es una cosa inventada, natural, connatural en él, pero pienso que también está influido por Edgar Allan Poe, estoy seguro de que debía ser muy buen lector de él. Esos son algunos de los elementos que podrían explicar la predominancia de lo fantástico en esos dos países.

Sosnowski — ¿Además de Poe, cuya obra has traducido en una edición de la Editorial de la Universidad de Puerto Rico y que prologaste en ese momento, qué otros autores ves de esa línea que de alguna manera han ejercido, mal que bien, eso que se llama influencias?

Cortázar — En mi caso, y eso provoca siempre una sonrisa en los que me entrevistan y en algunos críticos, las dos influencias capitales en mi infancia y en mi adolescencia fueron Edgar Allan Poe y Julio Verne. Ahora, el caso de Julio Verne es distinto porque no se puede calificar a Julio Verne como un escritor de literatura fantástica, aunque a veces entra en ese terreno. No, es otra clase de apertura, pero justamente Julio Verne me tocó a mí profundamente, porque él me daba por la vía de la lectura todo ese contexto de maravillosa riqueza planetaria, los grandes viajes de sus héroes, todas sus aventuras en países, en mares, que no teníamos allí en la ciudad de Buenos Aires, una ciudad que no se distinguía demasiado por la posibilidad imaginativa que pudiera darle a un joven escritor. Entonces, si tengo que citar las dos primeras grandes influencias son Verne y Poe.

Sosnowski — Esos juegos surrealistas los notás también cuando redactaste —cuando armaste, habría que decir— *La vuelta al día en 80 mundos, Ultimo round*. ¿Hay algo de lo lúdico, surrealista en eso?

Cortázar — Sí, hay mucho. El surrealismo fue una gran lección para mí, no tanto una lección literaria, yo diría una lección de tipo metafísico; o sea, el surrealismo me mostró la posibilidad de enfrentar la llamada realidad cotidiana no sólo desde la dimensión de lo convencional, de la lógica aristotélica, sino tratando de ver lo que se daba en los intersticios o sea, siguiendo la famosa frase de Alfred Jarry, preocuparme no tanto por las leyes sino por las excepciones de las leyes que, en efecto, son siempre más interesantes que la ley misma. Cuando se da que una ley no se aplica en un caso determinado, eso abre un paréntesis de misterio por el cual se entrevé, a veces, una realidad diferente. Creo que muchos de mis cuentos fantásticos nacen de esa entrevisión de lo que puede haber entre dos momentos de la realidad. El surrealismo fue una escuela preciosa en ese sentido para mí y, paradójicamente, tal vez no tanto el surrealismo escrito como el surrealismo pictórico, es decir, la obra que yo conocía por reproducciones, puesto que los originales no estaban en Buenos Aires. Los grandes pintores de la época surrealista me mostraban algo que para mí era profundamente real, pero que no hubiera podido encontrarse en el contexto accesible.

Sosnowski — Y cuyo impacto se nota muchas veces en los diálogos del Club de la Serpiente, cuando las definiciones de ciertos personajes se dan a través de cuadros.

Cortázar — Sí, pienso que sí. Bueno, yo creo que fuera de la literatura la influencia más fuerte que yo he tenido y que sigo teniendo es la música, pero la pintura está profundamente presente también. Incluso ese librito mío que se llama *Territorios* es una serie de textos paralelos a obras pictóricas, a obras de amigos o de gente a quien yo quiero; o sea que la pintura es una gran inspiradora para mí. En general, la contemplación de una exposición de cuadros o de un museo provoca inmediatamente reacciones temáticas, o sea que enseguida me viene una idea de cuento o un esbozo de novela que no tienen obligadamente que ver con las pinturas que he visto, pero que nacen evidentemente de la experiencia siempre un poco traumatizante de cierto tipo de pinturas. En este último libro, en *Deshoras,* hay

57

un cuento que se llama "Fin de etapa" que refleja creo bastante bien esa conexión entre pintura y escritura; y el surrealismo ha sido para mí la clave determinante de eso.

Sosnowski — Te has referido en otras ocasiones a que los cuentos se descuelgan como monos sobre vos, mientras que las novelas sí responden a una organización mucho más meticulosa. En tu caso, creo que faltaría sumarle a esos ejercicios tus pasos a la poesía, a lo poético. Quisiera dejar de lado, por supuesto, la rigidez de las etiquetas y que comentaras esos traslados de una modalidad a otra.

Cortázar — Son traslados de los que yo no tengo demasiada conciencia afortunadamente, porque eso me da a mí mismo una porosidad personal frente a lo que hago. Me ha sucedido muchas veces sentarme a la máquina —yo escribo en general a máquina— con la vaga idea de un cuento de la que sólo se me daba una primera frase o algunas palabras que hacía pasar a la máquina para ver luego visualmente cuál era mi propia reacción y en ese momento descubrir, sentir que lo que acababa de escribir era en realidad el primer verso de un poema y entonces haber continuado hasta terminar ese poema. Puede haber sucedido lo contrario también, me pasó una vez —por lo menos tengo memoria de una vez— de haber visto o sentido muy claramente el comienzo de un poema que resultó ser el comienzo de un cuento. Esa primera frase se articuló con una segunda y ya era prosa, ya no tenía nada que ver con la poesía. De modo, entonces, que el salto de un medio al otro no se me da a mí como genérico. Eso debe venir un poco de mi odio a todo lo que es etiqueta o clasificación y que creo que se ve bien en lo que yo llamo los libros almanaque, en donde se va saltando de textos en prosa a poemas, de ensayos a pequeños relatos y así sucesivamente. Esa noción de juego en la escritura y

58

cuando yo hablo de juego hablo siempre muy en serio como hablan los niños, porque para los niños el juego es una cosa muy seria, no hay más que pensar cuando éramos niños y jugábamos, los que nos parecían triviales eran los grandes cuando venían a interrumpirnos, nuestro juego era lo importante y la literatura es también así, es lo mismo.

Sosnowski — ¿En el sentido de juegos vitales?

Cortázar — De juegos vitales, claro. Ese mundo de lo lúdico que tal vez su rama más hermosa, la capital, sea la literatura, la poesía y las artes, pero que forman parte de eso que Huizinga llama el *homo ludens,* el hombre que juega. La verdad es que en ese sentido no podemos reclamar la exclusividad total, porque el juego es una cosa tan importante, tan esencial en los rasgos biológicos de los seres vivientes; en los animales los juegos son muy frecuentes y cuanto más evolucionados son, más se acercan a nuestros juegos. Es muy hermoso ver cómo juega un gato, cómo juega un perro o cómo incluso juegan los caballos jóvenes. El juego es algo que está integrado a la esencia de la vida, no sólo de la vida humana. Ahora, nosotros tenemos naturalmente la posibilidad de crear juegos, de racionalizarlos, de complicarlos y por ahí los convertimos en sinfonías, en poemas, en cuadros o en novelas.

Sosnowski — Que es la parte del *homo faber* junto con el *homo ludens...*

Cortázar — Exactamente, claro. Que son dos etiquetas, aunque en realidad está sumado en una sola cosa.

Sosnowski — Hablabas de literatura también en términos de apertura, hablaste recién de juego ¿en qué medida estas conciencias de juego, estas conciencias de lo que es la apertura de América Latina ha contribuido a que la literatura latinoamericana en general, especialmente los últimos 20, 30 años, llegue a la atención del mundo occidental?

Cortázar — Nuestras literaturas habían sido sobre todo literaturas de imitación, los grandes modelos románticos, por ejemplo, permearon las obras como *Amalia* de José Mármol y tantas otras. Pero a partir de los años 50, tal vez para fijar una fecha aproximativa, se empieza a escribir —sin rechazar los ejemplos y las influencias europeas porque no se trata de eso— centrando la atención en el contorno, en lo latinoamericano. En ese momento las respuestas son muy diferentes pero todas ellas convergen hacia eso; lo que podríamos llamar la respuesta de Asturias, la respuesta de Carpentier y luego ya más cerca de nosotros la respuesta de Vargas Llosa, la respuesta de García Márquez. Es en el fondo una literatura que se interroga profundamente —aunque no lo haga de manera explícita— sobre esa pregunta que aún no ha sido plenamente contestada: qué es un latinoamericano, cuál es la identidad del latinoamericano. Pregunta que tiene muchas modalidades según los países, porque la respuesta mexicana no puede ser la misma que la respuesta argentina.

Sosnowski — ¿Por qué te parece que todavía no se ha contestado a eso?

Cortázar — Yo creo que no se ha contestado en parte porque nuestra nueva literatura, la literatura de los últimos 20 años es todavía una literatura joven. Contrariamente a quienes pecan de demasiado optimistas y piensan que América Latina tiene ya una enorme literatura que se proyecta ya hacia el futuro, yo eso no lo creo. Yo creo que en estos últimos 20 años se ha adelantado mucho, se ha hecho un gran camino y se han sentado un poco las bases, ha habido una especie de literatura de fundación en muchos planos, pero que de alguna manera todo está todavía por hacerse y entonces la búsqueda de los problemas de identidad debe ser, me imagino, un proceso muy lento, un proceso muy penoso en que las respuestas y las dudas son múltiples. La literatura europea ha tenido miles de años para contestar a eso, nosotros todavía no.

Sosnowski — ¿De qué manera te parece que el exilio transformado en indicio positivo, como has hablado en otras ocasiones, puede contribuir a esa búsqueda de identidad?

Cortázar — Tal vez un poco te volvería a lo que hablamos hace un momento, cuando te hice notar cómo en mi caso personal, el hecho de irme de mi país me llevó a conocer mejor finalmente la realidad latinoamericana en su conjunto. Eso les puede haber sucedido a muchos exiliados, y en algunos casos concretos sé que, efectivamente, ha sucedido. Es decir, una de las crueles paradojas del exilio es que de todas maneras en algunos casos te saca forzosamente de una visión un poco provinciana, un poco insular cuando estabas sumergido en tu contexto y solamente en tu contexto y de golpe te muestra que el mundo es más complejo y por lo tanto tu propia pequeña isla también es más compleja, porque de golpe la ves de otra manera. Ese sería el lado positivo de una cosa tan negativa y tan desgarradora como es el exilio. Y por eso es que en estos años a mí me pareció que era elemental y necesario crear una especie de visión positiva del exilio, llevar un aliento a quienes a veces por no haber reflexionado demasiado en este problema se hunden en la nostalgia, se hunden en la tristeza. Yo pienso siempre en una frase muy hermosa que le escuché a Eduardo Galeano cuando dijo un día que "la nostalgia es buena pero la esperanza es mejor". Es una frase, para mí inolvidable, porque todo exiliado que sigue trabajando, que sigue luchando, que se sigue perfeccionando él en el exilio lo está haciendo para perfeccionar su país, porque el regreso está contenido en su plan de vida. El no va a suponer jamás que va a morir en el exilio, él va a volver a su país y yo estoy seguro que vamos a volver todos.

RULFO

Juan Rulfo
(México, 1918)

Con la publicación de sólo dos libros, se convirtió en uno de los narradores más representativos de la literatura latinoamericana. Octavio Paz, refiriéndose a su pueblo, dijo: "la extrañeza que provoca nuestro hermetismo ha creado la leyenda del mexicano, ser insondable". Rulfo encarna esta leyenda, él mismo se reconoce como un ser sombrío y difícilmente penetrable. Su parquedad, su extrema economía verbal, la reserva con que trata todo lo relacionado a su vida y su actividad literaria, han creado un mito de otro mito. Cuando raras veces acepta ser entrevistado, las respuestas que da son como sus textos—construidos con frases cortas y directas. Los cuentos de El llano en llamas (1953) y la novela Pedro Páramo (1955) dan prueba de esto y de algo que su autor se propuso como un postulado que urgía al escritor de América Latina: despojar la escritura de toda retórica. Los temas que aborda —elaborados con retazos de recuerdos, evocaciones de ultratumba, con elementos oníricos y mitológicos, con creencias en donde se funden la tradición cristiana y la indígena— tocan el sufrimiento, el hambre, la lucha del hombre contra el medio estéril. Todo parece remitirnos a la soledad de pueblos escondidos y de seres insertos en una sociedad devastadora de la que no pueden salir, porque ya están muertos como en Pedro Páramo o esperan con resignación la muerte definitiva —tal cual lo transmite el narrador innominado del cuento "Luvina". Quizás la única posibilidad que tienen es, precisamente, la muerte, vista en cuanto acceso factible, como respiradero por el cual trascender. Es a través de la memoria, de la sublimación del pasado, por donde entra la vida o la ilusión de una vida relevante. Muchos críticos han coincidido en decir que la obra de este escritor es la versión moderna y existencial del Purgatorio dantesco.

Juan Rulfo
Infra-mundo

*...la gente de por allá, del pueblo de donde yo soy
es muy hermética. Por ejemplo, llegas tú y están
ellos conversando, están platicando, y llegas, te
acercas a ellos y empiezan a cambiar de conversación. "Pero han tardado mucho las lluvias, qué
calor está haciendo ¿no? ¡Qué pronto llegan las noches!"*

Juan Rulfo
"Infra-mundo"

Sylvia Fuentes — Tú siempre te refieres a una
familia que no hablaba, tu abuela que no hablaba y
sólo leía devocionarios e iba a la iglesia; háblame de
esa familia que no hablaba.

Juan Rulfo — Bueno, son mis propios hijos. No
hablan.

Fuentes — ¿Cómo es eso?

Rulfo — Se entienden por gestos.

Fuentes — ¿En tu casa son mimos?

Rulfo — En mi casa, sí.

Fuentes — ¿Y eso viene desde abuelos?

Rulfo — Pues no sé a que se deberá. Es un misterio. Siempre hablan muy despacio, muy quedito. Yo
nunca les oigo cuando hablan lo que dicen. Pero entre
ellos sí se entienden. Además uno de ellos — el más

65

grande, pues realmente nunca te contesta una pregunta.

Fuentes — ¿Y qué haces entonces cuando le preguntas algo que te interesa saber y no te contesta?

Rulfo — Le pregunto algo, por ejemplo: "¿Ya terminaste tus estudios?", "¿Estás en exámenes?" y dice "No hablemos de eso" y se levanta.

Fuentes — Háblame de esa abuela tuya que leía devocionarios.

Rulfo — Bueno, mira, ella se había caído y había tenido una ruptura en una pierna. Entonces se arrodillaba en una silla a leer devocionarios. No sabía leer, no sabía otra cosa; era analfabeta.

Fuentes — ¿Se lo sabía de memoria?

Rulfo — Sí, los devocionarios los sabía de memoria. Entonces leía el devocionario constantemente. Iba mucho a la iglesia y lo único que leía era el devocionario.

Fuentes — Pero tú te refieres también a que la gente del campo no habla, ¿verdad?

Rulfo — Bueno, sí, la gente de por allá, del pueblo de donde yo soy es muy hermética. Por ejemplo, llegas tú y están ellos conversando, están platicando, y llegas, te acercas a ellos y empiezan a cambiar de conversación. "Pero han tardado mucho las lluvias, qué calor está haciendo ¿no? ¡Qué pronto llegan las noches!"

Fuentes — "Qué pronto llegan las noches." ¡Qué bonito se oye!

Rulfo — ¿Verdad? Y así siguen hablando cosas. Lo que no quieren es que uno se entere de lo que están platicando.

Fuentes — ¿Y tú recuerdas en tu niñez haber hablado con tu padre o con tu madre?

Rulfo — Bueno, no. Con mi madre, sí. Mi padre no, porque murió muy joven, cuando yo era muy chico.

Fuentes — Muy niño eras ¿tenías seis años?

Rulfo — Tenía seis años.

Fuentes — ¿No guardas recuerdos cercanos de tu padre?

Rulfo — Sí, sí los guardo porque yo lo acompañaba muchas veces a una hacienda que él tenía. Pero yo era muy chico ¿no? Pero no recuerdo que haya platicado conmigo.

Fuentes — ¿Y tu madre, cómo era tu relación con ella?

Rulfo — Mi madre era una persona muy afable, muy amable, muy platicadora.

Fuentes — ¿Después fuiste al orfanatorio cuando ella murió?

Rulfo — Sí, cuando ella murió. No, antes de que ella muriera fuimos al orfanatorio todos mis hermanos.

Fuentes — ¿A estudiar?

Rulfo — Sí. Fuimos a Guadalajara.

Fuentes — ¿Cómo fue tu vida allí?

Rulfo — Pues, en primer lugar a mi hermano grande lo expulsaron y luego mi hermano chico ya no quiso seguir estudiando y me quedé yo solo. Entonces durante cinco años estuve yo solo.

Fuentes — ¿Y el otro hermano, falta uno? Eran cuatro.

Rulfo — Era hermana, era mujer. Era más chica.

Fuentes — ¿Y te quedaste tú solo en el orfanatorio?

Rulfo — Yo solo quedé allí.

Fuentes — ¿Hasta qué año estudiaste allí?

Rulfo — Hasta lo que verdaderamente era la secundaria.

Fuentes — De Guadalajara te viniste a México ¿a la universidad?

Rulfo — A la universidad.

Fuentes — ¿Y que pasó en la universidad?

Rulfo — Bueno, pues, no me revalidaron los estudios; entonces fui de oyente a Mascarones a Filosofía y Letras, y ahí me pasaba en realidad oyendo las conferencias porque entonces — recuerdas tú — los maestros daban conferencias más que clases; eran don Antonio Caso, Vicente Lombardo Toledano, García Mainez, eran muy buenos maestros, muy brillantes. Entonces era realmente un gusto oírlos.

Fuentes — Juan, antes de venir a México, te dedicaste a leer en tu casa la biblioteca de un cura, un cura que llevó su biblioteca a tu casa.

Rulfo — Sí.

Fuentes — ¿Quién era ese cura?

Rulfo — Cuando la cristiada, cuando empezó la cristiada nosotros vivíamos frente al curato. Y el curato lo convirtieron en un cuartel. Entonces el cura llevó a guardar la biblioteca a mi casa. Y me la leí toda, ¿no?

Fuentes — ¿Tú recuerdas cuáles fueron los primeros libros que leíste?

Rulfo — El se hacía pasar como censor eclesiástico. Entonces él recogía todos los libros que había en las casas para ver si estaban prohibidos o no. Porque tenía el index papal, ¿no? Entonces, para él todos los libros estaban prohibidos...Alejandro Dumas, Victor Hugo, todas las historias de Buffalo Bill y Dick Turpin.

Fuentes — ¿Y empezaste por esas lecturas?

Rulfo — Por esas lecturas, sí, menos Salgari; y pues como eran libros muy interesantes, digamos, eran libros de aventuras, era muy atractivo estar leyendo aquello ¿no? Pues me lo pasaba leyendo ¿no? Me leí casi toda la biblioteca del cura.

Fuentes — ¿Ese fue tu inicio literario?

Rulfo — Como no podíamos salir a la calle porque los cristeros entraban a cada rato al pueblo...

Fuentes — ¿Cómo era eso, balaceras, como vaqueros?

Rulfo — Sí, entraban a galope tendido y tirando balazos y sobre todo por la calle donde nosotros vivíamos, porque allí estaba el cuartel. Mientras los soldados se subían a la torre de la iglesia, ellos desde ahí pasaban disparándose, echando bala.

Fuentes — ¿El cura Serrano era de este lugar?

Rulfo — No, el cura Serrano era de Zapotlán — lo ahorcaron.

Fuentes — ¿Por qué?

Rulfo — Porque era muy mujeriego.

Fuentes — ¿Un cura mujeriego? ¿Qué hacía?

Rulfo — Pues le gustaban mucho las mujeres. Y no se le iba una. Entonces, cuando llegaron las tropas allí a Zapotlán — pues la gente lo acusó — lo acusó al cura de dañino y lo colgaron. Bueno, colgaban a mucha gente.

Fuentes — ¿Era cuando tu mamá te tapaba los ojos para que no vieras?

Rulfo — Es que en realidad no me los tapaba, simplemente nos llevaba por lugares donde no había colgados. En todos los postes había colgados.

Fuentes — Qué horrible.

Rulfo — Sí.

Fuentes — Juan, dime una cosa, después de la Universidad, en México, dejaste los estudios y te dedicaste a trabajar. ¿Cuáles fueron tus primeros trabajos en México?

Rulfo — Entré como Agente de Migración en la Secretaría de Gobernación.

Fuentes — ¿Y cuándo interviene la literatura en tu vida?

Rulfo — En realidad, fue que casi no conocía yo

a nadie en la ciudad de México y después del trabajo me quedaba en la oficina — entonces se trabajaba
mañana y tarde —, después de terminado el trabajo
me quedaba y me dio por escribir. Conmigo también
trabajaba un escritor que se llamaba Efraín Hernández y él un día me dijo — "¿Qué está haciendo usted
aquí, qué está haciendo? ¿Qué es lo que hace?" "Pues
aquí, borroneando unas páginas." "A ver, préstame-
las para ver." Entonces a él le parecieron buenas ¿no?
A mí me parecían malas pero a él le gustaron y me
decía, pues: "Siga usted haciéndolo, siga usted trabajando en esto." Me pidió un capítulo para publicarlo
en la revista *Romance* que editaban los españoles
recién llegados a México. Pero nunca lo publicaron,
era tan malo que nunca lo publicaron ese fragmento.

Fuentes — ¿Dónde está este fragmento ahora?

Rulfo — Pues no sé qué se habrá hecho.

Fuentes — ¿Desapareció?

Rulfo — Sí, desapareció. Hay algún fragmento de
esa novela, está en la última edición de la antología
personal. Se llama "Un pedazo de noche."

Fuentes — ¿Eso es parte de tu novela?

Rulfo — Sí, era una novela sobre la soledad. El
personaje central era la soledad. Pero es el único
capítulo que tengo de esa novela que se desarrolla en la
ciudad de México. Es una novela urbana.

Fuentes — ¿Pero tú nunca tuviste propósito de ser
escritor o sí?

Rulfo — Pues no. Nada más escribía por afición,
y hasta la fecha.

Fuentes — ¿Por afición?

Rulfo — Por afición, sí.

Fuentes — ¿*Pedro Páramo* fue por afición?

Rulfo — Claro. Mira, yo tenía mis aficiones: fui
alpinista, fui fotógrafo...he hecho muchas cosas por
afición.

Fuentes — ¿Así que no te consideras un profesional?

Rulfo — No.

Fuentes — Un aficionado.

Rulfo — Un aficionado.

Fuentes — ¿Cómo surgió la idea de *Pedro Páramo?*

Rulfo — Empezó a nacer la idea de contar una historia en donde el tiempo y el espacio no existieran. Entonces para eso pensé, es decir, creí que lo mejor sería utilizar muertos, un pueblo muerto, con todos los personajes muertos.

Fuentes — Yo me pregunto qué es el mundo de *Pedro Páramo,* ¿el mundo de los muertos o el infierno?

Rulfo — Pues, no te sabría decir exactamente qué es. Tiene tantas interpretaciones que a veces yo encuentro otras cosas que no había descubierto al principio.

Fuentes — ¿Lo has leído nuevamente?

Rulfo — Pues no. Ultimamente no lo he leído, pero sí en un principio lo leí dos o tres veces para tratar de corregir los borradores que hacía. Quité muchísimo de la novela. La novela tenía más de 200 páginas, 250 páginas.

Fuentes — ¿Y por qué las quitaste?

Rulfo — Bueno, porque la tendencia del novelista es hacer elucubraciones, meter sus propias ideas, sus propias filosofías, sus conceptos, o divagar, llenar los espacios vacíos con divagaciones. Entonces yo quise aquí zafar al autor y dejar a los personajes.

Fuentes — ¿Y su lenguaje tan simple cómo lo lograste? ¿Así eras siempre, siempre escribiste así?

Rulfo — Bueno, no. Yo utilicé primero un lenguaje muy retórico; en la novela esa de la soledad yo usaba mucho la retórica, y tratando de defenderme de eso, del adjetivismo — usaba muchos adjetivos —, empecé a odiar el adjetivo. Pensé que el sustantivo era la sustancia. Entonces intentando evitar los adjetivos y la costumbre de divagar o de adornar los sustantivos con adjetivos, me puse a escribir los cuentos. La novela ya la tenía construida en la cabeza, pero no encontraba la forma de desarrollarla. Entonces me puse a escribir los cuentos. Por eso tocan distintos temas. Tratando de encontrar el tema, es decir, más bien la forma correcta que yo necesitaba para escribir la novela. Y hubo un cuento que más o menos me dio la atmósfera, fue "Luvina," — los otros cuentos los escribí como ejercicios.

Fuentes — ¿Los escribías y los guardabas para ti o los mostrabas a alguien? ¿A Efraín?

Rulfo — No, no, Efraín leyó solamente la novela. Ah, sí le entregué varios cuentos para su revista; él publicaba una revista que se llamaba *América*.

Fuentes — Toda tu vida te ha apasionado el siglo XVI, ¿consideras que el haber leído esas crónicas del siglo XVI influyó en tu manera para eliminar lenguaje?

Rulfo — Sí, porque eran más directos los cronistas.

Fuentes — Eso lo he oído decir de ti.

Rulfo — Sí, escribían en forma directa. Tienes por ejemplo Tameron y Rameral que escribió "La historia del Bautismo del Obispo de Nueva Vizcaya" donde describe una piedra, un árbol, un arroyo, todo lo que hay por donde va pasando; llega a construirte una crónica — este hombre recorrió 60 mil leguas a caballo — donde no incluye ningún concepto personal. Solamente lo que ve o lo que siente, en realidad. Es muy directo el lenguaje.

Fuentes — Tú una vez dijiste que la novela latinoamericana no podría hablar de otra cosa que no fuera la miseria y la ignorancia, ¿todavía lo sigues creyendo?

Rulfo — Bueno, no sobre miseria. Los problemas sociales son terribles ¿no? Entonces existe la miseria, existe la pobreza y la falta de ambición quizá debido a la ignorancia misma de la población. Entonces, ambicionan muy poco y lo que logran ambicionar relativamente lo consiguen. Por ejemplo — para algunas personas su mayor ambición es tener un caballo. Y consiguiéndolo pues ya termina su ambición. Obtener una pistola, en fin, cosas así por el estilo.

Fuentes — ¿No viene una segunda ambición?

Rulfo — Pues sí, claro, de ahí se produce otra y otra, cuanto más cosas se conocen. Ahora con los medios masivos de comunicación sólo quieren tener un televisor.

Fuentes — ¿Cuál es el futuro que nos espera?

Rulfo — Los problemas sociales existen en toda América Latina, los mismos que existen en México están en todas partes — quizá en una dimensión más fuerte en otros países que en México. Pero la fatalidad, el fatalismo del mexicano es muy característico. Tú sabes que siempre dicen que este pueblo aguanta, como estamos ahorita por ejemplo aguantando, aguanta todo. Aguanta corrupción, robo, devaluación, todo.

Fuentes — ¿No crees que va a haber un momento en que eso va a explotar definitivamente?

Rulfo — En México no. México es un país muy sólido en ese aspecto. No creo que haya otra revolución. Ya la hubo y costó un millón de muertos, tú lo sabes. Entonces es muy difícil que haya otra rebelión, que se rebele el pueblo contra el sistema ¿no? Además tenemos un sistema tan característico que es muy difícil destruirlo — tú sabes cómo cada seis años cambiamos de sistema y de qué modo sucede. Cada presidente trae

73

otra forma de ver las cosas. Cada seis años nos surge una esperanza; a ver si las cosas cambian. Y así nos hemos pasado toda la vida. Y creo yo que hasta cierto punto nos ha dado resultado. ¿Por qué crees tú que no pasa lo que sucede en El Salvador, o en Nicaragua, o en Guatemala? En ese aspecto creo yo que México es, como te digo, un país muy sólido. Porque hay un sentido de nacionalismo muy fuerte y además el mexicano quiere a su patria. La quiere y no haría nada contra su propio país.

Fuentes — ¿Tú no eres politizado, verdad?

Rulfo — No, absolutamente. Ni he pertenecido jamás a ningún partido político ni me interesa, aunque he participado.

Fuentes — ¿Observas?

Rulfo — Sí, desde lejos.

Fuentes — Juan ¿nunca has vuelto a San Gabriel?

Rulfo — No, nunca he vuelto.

Fuentes — ¿No tienes curiosidad? ¿Lo dejaste atrás?

Rulfo — Sí, murió.

Fuentes — Lo acabaste de matar o revivir en *Pedro Páramo* ¿verdad?

Rulfo — Pues sí. No sé como será ahora, creo que es — debe ser un pueblo muerto. Están abandonados todos los pueblos. La gente se ha ido. Todo está erosionado. No hay de qué vivir.

Fuentes — ¿No crees en la tierra como futuro de América Latina?

Rulfo — Pues sí, pero mientras la tierra se conserve ¿no? Pero allí parece que tratan de destruir la tierra. En las zonas donde yo ubico la obra ésta hay 60,000 hectáreas erosionadas. No se produce ya nada. Entonces esta gente qué tiene, qué le queda ¿no? No tiene más que salir fuera o irse a las ciudades, como está haciéndolo, o irse de bracero ¿no? Aquí en los

EE.UU. tenemos quince millones de mexicanos ya.

Fuentes — Que leen tus libros.

Rulfo — ¡No! Que viven acá.

Fuentes — Y leen tus libros desde aquí.

Rulfo — Pues no sé si los leerán porque no sé si los entenderán.

Fuentes — Yo creo que sí. Es fácil entender tu literatura.

Rulfo — Pues es difícil. Creo que después de tres o cuatro lecturas se entiende.

Fuentes — ¿Quiénes son tus escritores de cabecera?

Rulfo — Guimarães Rosa de los brasileños; después de México me gusta Carlos, Carlos Fuentes, creo que es muy auténtica su forma de ser, su forma de escribir un país tal como es. Además su estilo me gusta, su forma llana, y precipitada a la vez, de tratar las cosas. Carlos, claro, es un autor urbano. Sus problemas son de la ciudad, y me interesa precisamente por eso, porque los problemas de la ciudad son muy difíciles de comprender y él los ha entendido muy bien. Otro que me gusta precisamente porque se parece un poco a él es Fernando del Paso.

Fuentes — ¿Además de leer qué haces, Juan?

Rulfo — Trabajo.

Fuentes — Y oyes música.

Rulfo — Oigo música, sí, bastante música. Pero estoy en la época medieval.

Fuentes — Sí, yo sé. ¿Medieval, renacimiento?

Rulfo — Renacimiento y barroco. Allá ando.

Fuentes — ¿Podrías haber sido un monje, tú?

Rulfo — ¿Un monje? Posiblemente.

Fuentes — ¿Te hubiera gustado?

Rulfo — No.

Fuentes — Hubieras escrito, hubieras tenido mucho tiempo para escribir.

Rulfo — Pero los monjes no tienen la oportunidad de conocer a las mujeres, ni tratarlas y esas cosas. Me gustan mucho las mujeres.

Fuentes — Susana San Juan siempre vuelve.

Rulfo — Susana San Juan existe.

Fuentes — ¿Dónde está?

Rulfo — Pues por ahí, perdida en algún lugar del mundo.

Fuentes — ¿Pero no bajo tierra?

Rulfo — No, está viva.

Fuentes — Eso es lo que yo pensé siempre...

Rulfo — Está viva.

Fuentes — ...Que tú la conoces y que está viva...

Rulfo — La conozco.

Fuentes — ...Y que la ves.

Rulfo — La veo, sí.

Fuentes — ¿Es muy bella?

Rulfo — Es hermosa, no es bella, es hermosa.

Fuentes — ¿Y la amas?

Rulfo — Pues, hasta cierto punto, sí.

Fuentes — ¿O no se deja contigo tampoco?

Rulfo — Pues, será ya mi edad ¿no? Ya me llegó la antigüedad, como tú sabes.

Fuentes — Pedro Páramo la esperó.

Rulfo — Sí, la esperó pero cuando la encontró estaba loca.

Fuentes — ¿Y la tuya, tu Susana, no está loca?

Rulfo — No, no está loca pero es inaccesible.

Fuentes — ¿Y la buscas?

Rulfo — La busco, sí. La he ido a ver y ella ha venido a verme.

Fuentes — ¿Entonces, no es un nombre inventado?

Rulfo — No, existe. Bueno, el nombre en el libro sí. Yo la encontré después.

Fuentes — Estás diciéndonos secretos.

Rulfo — Sí, estoy diciendo unos secretos que no debería decírselos a nadie. Considero que esta mujer ideal que busca el hombre sí existe; a la larga se la puede encontrar. Yo la encontré.

Fuentes — ¿Y es necesaria?

Rulfo — Sí, porque lo estimula a uno, le da a uno cierta vitalidad.

Fuentes — ¿Qué dice ella de tus libros?

Rulfo — No habla de mis libros.

Fuentes — Juan, yo sé que tú odias que uno te pregunte — tienes toda la razón — si sigues escribiendo, si estás preparando algo, qué pasó con *La cordillera,* pero sé que al mismo tiempo te gusta que uno te lo pregunte.

Rulfo — Bueno, mira, tengo ya 20 años trabajando en el Instituto Indigenista, soy el encargado de las publicaciones. Entonces, en realidad como son libros de antropología social es muy difícil cambiar la mentalidad, una mentalidad casi antropológica a una mentalidad literaria o de otro carácter, es decir, no es lo mismo la invención que la realidad fotografiada, como quien dice, por los antropólogos. Ellos estudian al hombre en todos sus aspectos y tratan de describir sus costumbres, sus modos de ser, su modo de pensar —aunque no lo logran siempre debido a que los indígenas en México están llenos de mitos, viven en el inframundo, creen en el inframundo, entonces es muy difícil entrar en un inframundo.

Fuentes — ¿Tú no has podido entrar todavía?

Rulfo — No, no se puede.

FUENTES

Carlos Fuentes
(México, 1928)

Comienza a ser conocido a partir de la publicación de su novela La región más transparente *(1958) en la que ya se anuncian los temas principales de su ficción: los mitos mexicanos, los conflictos que la ciudad acarrea al hombre y la realidad socio-política del país. Actualmente sus libros más leídos y festejados por lectores y críticos son, entre otros:* Las buenas conciencias *(1959),* Aura *(1962),* La muerte de Artemio Cruz *(1962),* Cambio de piel *(1967),* Zona sagrada *(1967) y* Terra Nostra *(1975). En toda su narrativa, el interés por ahondar en el mundo íntimo de los seres y de los acontecimientos que los condicionan, se da mediante una intensa exploración de las posibilidades del realismo simbólico, de ahí que la estructura de sus cuentos y novelas responda a un intento innovador de las formas tradicionales de contar una historia. La problemática que Fuentes plantea, si bien es facsimilar para México, coincide con la de otros países latinoamericanos—lo que le otorga a su obra universalidad.*

Escribió también libros de ensayos entre los que se destacan: La nueva novela hispanoamericana *(1969),* Casa con dos puertas *(1970),* Tiempo mexicano *(1971) y* Cervantes o la crítica de la lectura *(1976). De sus incursiones por el teatro surgieron* El tuerto es rey *(1970),* Todos los gatos son pardos *(1970) y* Orquídeas a la luz de la luna *(1982), pieza, esta última, que el mismo Fuentes definió como una aproximación a los mitos de la cultura y a la cultura de los mitos.*

Carlos Fuentes
Estos fueron los palacios

...el origen antiguo de México nace del desmembra-
miento, de la ruptura de la realidad, en este caso una
madre totalmente desmembrada por sus hijos, sus
pedazos lanzados al universo, al cosmos, al vacío, y
de ahí la obligación humana de reconstruir el origen,
de reconstruir la unidad.

Carlos Fuentes
"Estos fueron los palacios"

Ixca Cienfuegos...cruzó el pavimento y llegó hasta el
centro del Zócalo. ...Girando sobre sí mismo, bebió con la
sangre los cuatro costados de la gran plaza. Estaba de-
sierta. El último rayo oblicuo del sol se perfilaba como un
escudo. ... Cienfuegos se detuvo, la cara abierta hacia ese
último rayo. Palacio, Catedral, el edificio del Ayunta-
miento y el lado desigual, de piernas arqueadas, dejaban
que la penumbra construyera una región de luz pasajera,
opaca, entre la sombra natural de sus piedras rojizas y de
marfil gastado. Por los ojos violentos y en fuga de Ixca
corría otra imagen: en el sur, el flujo de un canal oscuro,
poblado de túnicas blancas; en el norte, una esquina en la
cual la piedra se rompía en signos de bastones ardientes,
cráneos rojos y mariposas rígidas: muralla de serpientes
bajo los techos gemelos de la lluvia y el fuego; en el oeste,
el palacio secreto de albinos y jorobados, colas de pa-
vo real y cabezas de águila disecada. Las dos imágenes,

*dinámicas en los ojos de Cienfuegos, se disolvían la una
en la otra, cada una un espejo sin fondo de la anterior o
de la nueva. Sólo el cielo, sólo el escudo mínimo de luz,
permanecía igual.*

*—¿Reaparecerá?— murmuró Ixca, envuelto y arras-
trado por la doble imagen.*

*Bajó la cabeza. ... Cerró los ojos; la cabeza le nadaba en
el sabor de la sangre y la sangre le zumbaba en las orejas
como una doble respiración: la que se une en la hora del
terror, la respiración del hombre y la del fantasma, el uno
frente al otro, pero invisibles.*

*Ixca abrió los ojos a la noche. El sol se había puesto.
En la oscuridad, con la mirada azorada, el hombre sentía
correr una multitud de sombras por su pecho.*

*—Quiero otra noche, no ésta —murmuró. —Otra
noche, no ésta. Una noche en que se puedan recoger los
fragmentos de la luna, todos los fragmentos rotos del
origen, y volver a tocarlos íntegros. Otra noche—. El
alumbrado del Zócalo se encendió.*[1]

Carlos Fuentes — Quería leer esto porque estu-
vimos recorriendo las excavaciones del templo mayor
del Zócalo en septiembre, en agosto o septiembre del
'81, ¿verdad?, y me llamó la atención que esto yo lo
escribí en *La región más transparente,* en 1958, cuando
yo cruzaba el Zócalo todos los días para ir a la Facultad de Derecho de la Universidad de México, y me
imaginaba que mis pies iban caminando sobre lo que
fue la gran Tenochtitlán. Decía: —aquí voy caminando y aquí debajo estaba el muro de serpientes del
Zempantli, aquí estaba el templo de Huitzilopochtli,
aquí estaba el palacio de Moctezuma, y nunca los
volveré a ver. Pero un buen día, como sucede en esa
ciudad mágica que es México, estaban excavando el

---

[1] *La región más transparente,* México: Fondo de Cultura Econó-
mica, 1972, p. 252.

82

zócalo para hacer el metro —el *subway* de México— y claro, encontraron la imagen de la diosa de la luna, la Coyolxáuqui, una diosa desmembrada, porque el origen antiguo de México nace del desmembramiento, de la ruptura de la realidad, en este caso una madre totalmente desmembrada por sus hijos, sus pedazos lanzados al universo, al cosmos, al vacío, y de ahí la obligación humana de reconstruir el origen, de reconstruir la unidad. Bueno, ahora lo vimos tú y yo; estaba ahí, todo lo que yo había soñado, lo que creía muerto estaba vivo: estaba vivo lo que yo creía muerto. Entonces...

Sylvia Fuentes — ¿Cuál fue tu reacción?

Carlos Fuentes — Es que siempre he pensado que en México hay subterráneos —de la memoria, de la imaginación, de la realidad.— Y de repente, resulta que es cierto, que es verídico en el sentido de la exactitud, porque yo creo que la verdad es la verdad de la imaginación, no sólo la verdad de lo que se puede medir y contar.

Sylvia Fuentes — Uno de tus signos ha sido el de viajar; comenzaste a viajar desde los dos meses de edad y viviste en diferentes ambientes y países, pero tu primera formación la hiciste en Washington, cuando tu padre trabajaba en la embajada de México. ¿Cuál es tu relación con Estados Unidos?

Carlos Fuentes — Bueno, yo llegué a los Estados Unidos cuando tenía 4 años, y los dejé cuando tenía 11 años, de manera que es una época muy importante de la niñez. Estuve yendo a la escuela pública en Washington, D.C., y los veranos iba a México a estudiar a una escuela mexicana, así que tuve una niñez, en un sentido, un poco siniestra porque nunca tuve vacaciones. Mientras mis condiscípulos iban a jugar béisbol, yo iba a aprenderme los nombres de los reyes aztecas a México. Un poco sombrío el asunto; pero me sirvió mucho porque nunca dejé de sentirme mexicano. En primer lugar, el idioma que se hablaba era el español: se hablaba en la casa. Mi padre era representante del gobierno de Lázaro Cárdenas, eso tenía su importancia. Estaba siempre, en su actividad diplomática, en la defensa de un gobierno revolucionario amenazado con presiones internacionales, sobre todo, de parte de intereses privados norteamericanos, no tanto del gobierno de Roosevelt, que era un gobierno democrático y comprensivo, sino de intereses privados afectados por la política revolucionaria mexicana de Cárdenas. Entonces siempre tuve una idea muy cierta de que pertenecía a una cultura, a una nacionalidad, que era la de México. Sin embargo, estaba yo inserto para mi vida cotidiana en la cultura de los Estados Unidos: eso creaba un conflicto que, como lo he contado otras veces y tú lo sabes, explotó, se agudizó en el momento de la expropiación petrolera en 1938. Porque hasta ese momento yo había sido un niño simpático, amable, popular, "popular entre la tropa" como la Adelita, entre mis condiscípulos de la escuela: escribía yo obras de teatro, actuaba en ellas, dibujaba, tenía muchos chistes. Y el día de la expropiación del petróleo esa actitud cambió radicalmente. Había los grandes titulares en la prensa americana diciendo: "Los comunistas mexicanos nos roban nuestro petróleo; el Presidente Cárdenas es un rojo; hay que invadir México," las cosas que seguimos viendo mucho en la prensa de hoy en relación con otros países de América Latina. Entonces, todo el mundo me dio la espalda en la escuela: mis amigos dejaron de serlo, dejé de ser popular y me di cuenta que en efecto yo era mexicano. Y que era, sin embargo, un mexicano que conocía suficientemente a los Estados Unidos como para intentar

84

siempre una comunicación con el pueblo de los Estados Unidos, con emplear las tribunas de los Estados Unidos que tanto nos importan para dar a conocer nuestra posición, nuestras ideas y para que no haya una ruptura de comunicación que a veces puede ser fatal para ambas partes, ¿verdad? De manera que mi relación con los Estados Unidos viene de ese origen infantil.

Sylvia Fuentes — Después, tu juventud la pasaste en América del Sur, y en México. ¿Hubo algún *shock* en esa transición de Estados Unidos a estos países?

Carlos Fuentes — Irme de Washington a Santiago de Chile, fue volver, o realmente ingresar por primera vez de lleno a un país de lengua española. Y no a cualquier país de lengua española, sino a un país que era evidentemente el país de los grandes poetas. Un país con una capacidad para producir poetas tan grande como su capacidad para producir uvas, ¿verdad? Era el país de Neruda, era el país de Gabriela Mistral, era el país de Vicente Huidobro, y llegar a él y reencontrar la lengua española, pero una lengua española muy vigorosa, fue para mí muy impresionante, y claro, decidió mi vocación como escritor en lengua española. Porque a veces me pregunto, bueno ¿por qué no escribo novelas en inglés si para mí el inglés es lo mismo que el español en cuanto a facilidad de expresión? Y mi respuesta está en Chile; está en la conciencia de que no le hace falta a la lengua inglesa un escritor más, no le hace la menor falta. La lengua inglesa tiene una continuidad muy grande, una continuidad que en la ficción, en la novela, viene desde Daniel Defoe, desde Robinson Crusoe, de una manera ininterrumpida. Y si a veces desfallece la lengua inglesa, en seguida se aparece un irlandés y la resucita, ¿verdad? — llámese Jonathan Swift o James Joyce. En cambio, la lengua española lo que tiene es una serie de vacíos espantosos, de vacíos tremendos. Hay que pensar que no hay una gran novela en la lengua castellana después de Cervantes, prácticamente hasta bien entrado el siglo XIX, hasta que encontramos *La Regenta* de Clarín y las novelas de Pérez Galdós, y luego las novelas del siglo XX. Es mucho tiempo sin una narrativa importante, ¿verdad? Además, me di cuenta en Chile — que en ese momento era, como un día volverá a serlo, el país más democrático de la América Latina, un país con una gran tradición de prensa libre, de movimientos sindicales, de vida parlamentaria, vida de partidos, etc. — que el español podía ser una lengua de libertad. Me di cuenta en Chile de eso. Que se podía luchar por la libertad, expresarse libremente, y no quiero decir solamente libertad política sino libertad estética, libertad para crear y recrear el idioma, creo que me di cuenta de esto también viviendo en Chile y participando, como niño de once o doce años, en las actividades del Frente Popular Chileno, en los grandes mítines del Teatro Caupolicán, en la campaña para la elección de Juan Antonio Ríos contra Ibáñez; yo participaba en eso.

Sylvia Fuentes — Eras un niño politizado.

Carlos Fuentes — Muy politizado.

Sylvia Fuentes — ¿Cómo fue eso?

Carlos Fuentes — Lo primero que recuerdo es a mi padre contestando cartas a los periódicos brasileños, a los periódicos ecuatorianos, a los periódicos uruguayos o los periódicos norteamericanos, chilenos, argentinos y peruanos, defendiendo la política de la revolución mexicana, es lo que yo recuerdo en mi casa: mi padre siempre defendiendo la expropiación del petróleo, la reforma agraria, tal posición internacional de México, etc. De manera que sí, estaba sumamente politizado. Y era un niño muy pesado, muy antipático porque sabía, tenía tal cantidad de información política que siempre que había una reunión de grandes me sacaban y me decían: "A ver, Carlos, recita los nombres de los presidentes y de los ministros de relaciones exteriores de todo el continente americano," cosa que yo hacía y que puedo hacer todavía si nos retrotraemos al año '41, ¿verdad?

Sylvia Fuentes — ¿Pero tú nunca tuviste problemas de identificación, de nacionalidad?

Carlos Fuentes — No, nunca. Yo siempre me sentí mexicano, toda la vida. Yo regresé a México en el año '45, porque no toleraba la educación en Buenos Aires. En Buenos Aires Perón todavía no llegaba al poder, pero era el poder detrás del trono: era el ministro de trabajo en el gobierno de Farrell. Y había un ministro de educación que era un monstruo, un novelista argentino de una cursilería supina, ¿verdad? Tiemblo de pensar en él, Hugo Wast era su seudónimo; se llamaba Martínez Zuviría. Martínez Zuviría había dado un colorido totalmente fascista a la educación en Buenos Aires. Entonces te sentaban y tenías que decir que los espartanos eran superiores a los atenienses, por ejemplo, ¿no? Había que justificar el imperio romano; había que decir que los tres hombres más grandes de la historia de América, del Nuevo Mundo, eran Colón, San Martín, Perón. Todo eso me aburría mucho. Entonces entré en rebelión: tenía quince años, me dediqué a pasear por la ciudad de Buenos Aires, que era una ciudad muy mía por ese motivo, porque viví como chino libre ahí, seis meses, y todas las primeras experiencias de la adolescencia las tuve ahí.

Sylvia Fuentes — Conociste a la primera, al primer amor.

Carlos Fuentes — Sí...imagínate. Entonces, cuando regresé a México, llegué a los dieciséis años a un país que en realidad yo había imaginado más que vivido, y esto ha sido fundamental para mi literatura, porque yo hablo de un México que yo imagino, no de un México real: no es un México mensurable, no es un México exacto, pero es un México verídico.

Sylvia Fuentes — Eso es lo que muchos mexicanos te critican...

Carlos Fuentes — Ah no, se enfurecen, ellos quieren que yo cuente cómo, lo que es tangible, qué hay en la esquina de tal lugar, a qué hora suena el reloj de la parroquia en tal lado. Hay dos registros en la literatura, en la vida: uno es el registro de la exactitud y otro es el registro de la verdad. La verdad tiene a veces muy poco que ver con la exactitud. Yo estoy seguro que el París descrito por Balzac, el Londres descrito por Dickens jamás existieron —son producto de la imaginación y de la obsesión de esos escritores. Sin embargo, el resultado es que hoy no tenemos otra imagen del París o del Londres del siglo XIX que la que nos dieron Balzac y Dickens. Claro que hoy el escritor tiene que competir con imágenes, con la televisión, con el cine...*he can't get away with it* tan fácilmente como en el pasado, cuando no había más decreto, más certificado de verdad que la que comunicaba un escritor mediante imágenes verbales. Pero yo no me quejo, porque esto subraya el hecho de que la realidad es una invención del escritor; de que el escritor no refleja o reproduce la realidad sino que la crea, la inventa, añade algo a la realidad.

Sylvia Fuentes — ¿El lector no tiene por qué esperar encontrar la realidad?

Carlos Fuentes — No. Si el lector quiere saber cómo es la ciudad de México puede leer la Guide Bleue, Michelin, o la Guía Rojillo de la ciudad de

México. Yo doy visiones mías, sueños míos...

Sylvia Fuentes — ¿Como un pintor?

Carlos Fuentes — Como un pintor.

Sylvia Fuentes — ¡Como Bacon! ... Después de México, de tu regreso de América del Sur a México, tuviste tu primer contacto con Europa. ¿Cuál fue tu transición de México a Europa?

Carlos Fuentes — Pues yo viví en la ciudad de México en la segunda mitad de los cuarenta, que era una ciudad mágica. Era una aldea grande; lo sigue siendo, pero entonces se notaba mucho el tránsito de la ciudad provinciana, color de rosa. Nadie la puede imaginar hoy: una ciudad color dc rosa, azul, con hoteles particulares con mansardas tipo francesas, una arquitectura muy fin de siglo, la arquitectura colonial, una ciudad quieta, fácil de transitar, fácil de caminar por ella, de conocerse, de tener lugares de reunión, y se convirtió con la guerra en una ciudad con pretensiones cosmopolitas, porque buena parte de la nobleza europea fue a exiliarse a México, notablemente el rey Carlos de Rumania, Madame Pesco, mucha gente fue a dar ahí, muchos pescados extraños fueron a dar sobre la playa de México. Entonces, tenía muchas pretensiones. Al mismo tiempo coexistía con todo el mundo mágico, extraño, escondido; de magos, de extraños prostíbulos plateados, pintados de plata; se coexistía con prostitutas, con mariachis, con nobles, con millonarios mexicanos de reciente factura; era una ciudad muy atractiva, pero que no conducía mucho a la disciplina. Yo quería escribir, pero estaba pescado en el torbellino de la ciudad, de sus actividades, gracias a eso yo pude escribir *La región más transparente*. Pero como en el fondo yo soy un calvinista, por haber sido educado en los Estados Unidos, yo creo que uno sólo alcanza el cielo gracias a sus buenas obras, a su trabajo constante, metódico y disciplinado; entonces dije no, tengo que dejar esto atrás, disciplinarme; y me fui a Europa, buscando la disciplina europea, y la encontré estudiando en la Universidad de Ginebra. Y después de un año en Suiza, después de un año de leer a Hugo y a Thomas Mann junto al lago de Ginebra, pensé que podía regresar a México y disciplinarme para hacer mi carrera de derecho, empezar mi trabajo de escritor, cosas que hice.

Sylvia Fuentes — Escoge un libro de tu niñez que haya determinado tu vocación literaria.

Carlos Fuentes — *El Conde de Montecristo,* de Dumas.

Sylvia Fuentes — ¿Y de tu juventud?

Carlos Fuentes — De mi juventud, yo creo que la obra de Balzac: *La piel de zapa, Las ilusiones perdidas* son las obras que me hicieron sentir la maravilla de lo novelesco, del mundo de la ficción, del mundo de la novela. Pero muy preparado por autores como Dumas y Mark Twain y Robert Louis Stevenson y Salgari, y todas las cosas que lee uno de niño, pero que lee uno diferentemente en el mundo anglosajón y en el mundo latino. Una vez un amigo mío, Gerassi, me dijo: "Fíjate qué buena oportunidad: me ha dado Sartre la posibilidad de escribir su biografía y voy a ir a visitarlo, y le voy a preguntar: Dígame usted, Sartre, los libros que más han influido en su formación a partir de la edad de cuatro años, cuando usted empezó a escribir." Y regresó Gerassi y me dijo: "¿Qué son estos libros? Nunca he oído hablar de ellos." La lista que traía de la mano de Sartre, era de libros de los cuatro, cinco, seis, siete años: *El corsario negro* y *Yolanda, la hija del pirata* de Salgari, todas las novelas que leemos en el mundo latino, pero que nadie lee en el mundo anglosajón. Yo tuve la ventaja de tener los dos, las dos formaciones.

Sylvia Fuentes — ¿Diez años fuera de México, entre Francia y Estados Unidos, te han acercado o te han alejado de México?

Carlos Fuentes — Pues, las dos cosas. Mira, lo que pasa es lo siguiente: la primera etapa de mi carrera literaria, de mi creación literaria, la hice mucho en México y cerca de México por razones obvias —era yo un hombre joven. Hoy, como tú sabes, lo que estoy haciendo y lo que pienso hacer en los próximos diez, quince años, si vivo tanto tiempo, es escribir tres novelas. No pienso escribir más que tres novelas, que son novelas que yo vengo preparando desde que tengo veinte años. Pero sólo ahora siento que tengo el equipo técnico, las posibilidades de hacer bien estas tres novelas que quería hacer. Y para eso yo puedo vivir en el Monte Everest, o puedo vivir de lanchero en la playa de Botafogo de Copacabana en Río de Janeiro, o puedo vivir de minero en Pittsburgh, y la puedo escribir en un trolleybus; me da igual: sé lo que quiero hacer, sé cómo hacerlo; he esperado treinta o cuarenta años para hacerlo, de manera que me da igual dónde vivo.

Sylvia Fuentes — ¿No decías eso cuando estabas escribiendo *La región*?

Carlos Fuentes — No, no, no. Ahí necesitaba mucho vivir en México y escribir un poco como iba viviendo, ¿no? A golpe de calcetín iba saliendo la novela. Una vida horrible, no sé cómo escribí esta novela. Qué energía tenía uno.

Sylvia Fuentes — Carlos, ¿cuál es la relación de tus personajes de *La región más transparente* con los de *Agua quemada,* que ha sido tu último libro?

Carlos Fuentes — Bueno, *Agua quemada* es en cierto modo una elegía, una oración fúnebre a *La región más transparente,* ¿no? El título de *La región más transparente* es un título que tiene historia, ¿no?

Porque yo lo tomé de la *Visión de Anahuac* de Alfonso Reyes; Alfonso Reyes lo tomó de una exclamación del Barón von Humboldt, en el ensayo sobre la Nueva España, y Humboldt lo tomó de una exclamación de Sófocles, de una de sus tragedias. Entonces, hoy tomo nuevamente un epígrafe de Alfonso Reyes en *Agua quemada* para decir: "¿Qué habéis hecho de la región más transparente, qué habéis hecho de mi alto valle metafísico, por qué está empañado, por qué está lleno de una niebla amarilla, por qué está lleno de un polvo de muerte?" Es lo que me pregunto en *Agua quemada* que, como digo, es una obra compañera de *La región más transparente,* es una especie de elegía.

Sylvia Fuentes — ¿Los últimos diez años fueron *Terra nostra*?

Carlos Fuentes — Los años contigo...

Sylvia Fuentes — ¡Sí! ... *Terra nostra, La canción de Aída, Agua quemada* y la pieza de teatro que acabas de terminar y que vas publicar en un mes. Bueno, quiero quedarme en *Terra nostra* primero. ¿Cuál es tu relación con España y sus escritores?

Carlos Fuentes — Mi relación con España, como la de todo buen mexicano, es una relación muy conflictiva. México se distingue del resto de América Latina en que, por muchas razones, no se le ha querido dar la razón al conquistador sino al conquistado. En Lima tú encuentras una estatua de Pizarro, del conquistador, en la plaza central. En México encuentras una estatua de Cuauhtémoc, del emperador indio vencido, y no hay ninguna estatua de Hernán Cortés, lo cual es un error. Yo estoy en contra de todo esto y creo que Cortés es un personaje fundamental de la historia de México—es el hombre que nos enseñó a hablar español. No se puede negar, como se ha hecho, la tradición española, la herencia española en México; pero hay el conflicto. Yo creo que el conflicto se resolvió un poco con la guerra de España. México recibió a 250,000 refugiados republicanos españoles, y la vieja idea del español como el conquistador que herraba indios, violaba a las mujeres, quería robarse el oro, todo esto, fue desplazada por la llegada de gente de extraordinaria calidad intelectual. La vida intelectual de México, la vida editorial, la vida universitaria, sobre todo, fueron transformadas por la llegada de toda esta falange de filósofos, arquitectos, juristas, poetas, médicos que venían huyendo de la España fascista. Yo creo que esto resolvió en realidad el problema en cierto modo, pero yo quise sublimar el problema para mí mismo, como hecho cultural, a través de la redacción de *Terra Nostra,* como una indagación para ver bien todo lo que somos.

Sylvia Fuentes — ¿Cuál es la dimensión del tiempo en la narrativa hispanoamericana desde el punto de vista filosófico, literario e histórico?

Carlos Fuentes — Pues yo creo que fundamentalmente la América Latina y, notablemente México, son países de tiempos simultáneos. Son países en los que la cultura existe a varios niveles temporales. Esto lo indica maravillosamente Carpentier en la novela *Los pasos perdidos.* Cuando remonta geográficamente el Orinoco, este escenario tradicional de la novela latinoamericana —que es el escenario de Rómulo Gallegos, de José Eustasio Rivera. Para Alejo Carpentier se convierte en un viaje no sólo en el espacio hasta las fuentes del río Orinoco, sino sobre todo, un viaje en el tiempo, a través del cual él recorre todas las etapas de la vida latinoamericana, hasta un momento que no es hispanoamericano, que ni siquiera es indígena, sino que es un momento anterior a la historia, es un momento que sólo existe como una posibilidad fugaz y moribunda en la mente de un creador. Esta novela de Carpentier para mí es la más hermosa novela sobre el tema del tiempo en nuestra historia, en nuestra vida, que se ha escrito. Y yo participo de este hecho, que es un hecho que curiosamente nos da la modernidad a los latinoamericanos, porque el hecho de tener conciencia de un pasado, y de un pasado que es presente, que está ahí, es lo que nos hace coincidir de una manera tan poderosa con los novelistas modernos, con los novelistas de la revolución moderna en la literatura: con Joyce, con Dos Passos, con Virginia Woolf, con William Faulkner, en los que hay una profunda coincidencia porque ellos también se mostraron insatisfechos con el tiempo occidental, con el tiempo puramente lineal, lógico, enderezado hacia el futuro y que desdeña el pasado. Ellos también dijeron: el occidente es más de lo que nos indica su tiempo político, su tiempo económico, es también un tiempo de la imaginación, es un tiempo del arte, es un tiempo de las almas. Y en esto coincidimos mucho en la rebelión contra un tiempo puramente lineal, que se agota a sí mismo constantemente, y que niega su pasado. Yo creo que para tener un presente y para tener un futuro hay que tener un pasado. Tener puro futuro es no tener futuro.

Sylvia Fuentes — Ahora que estabas hablando de la influencia de la literatura occidental, me estaba acordando que en la conferencia que diste en el Colegio Nacional sobre *Aura,* hablaste de la influencia directa que tuvo en ti la literatura oriental, china...

Carlos Fuentes — Aparte de experiencias personales que me llevaron a escribir esa novela, vi una película muy hermosa. Cortázar me dijo: "No dejes de ir aquí al cine del Barrio, en el Barrio Latino, para ver la película que se llama *Ugetsu Monogatari* o sea *Los cuentos de la luna vaga después de la lluvia* de Misoguchi, una película japonesa que me impresionó enormemente y me llevó a la lectura de Akinari, que

94

fue el autor en el siglo XVIII del cuento en el que se
basó Misoguchi, pero que a su vez venía, derivaba de
otros cuentos tradicionales de la China. De la tradición milenaria de China; tú sabes que en China no
hay propiamente géneros en la literatura, sino grandes
temas: el tema, por ejemplo, de la mujer que recobra su
juventud, que es el tema de *Aura,* el tema de la reunión de los amantes separados, que también es un tema
de *Aura*; todos estos temas que están en la literatura china, que pasan a la japonesa, y que entran a la
literatura occidental. Piensa en la condesa de Push-
kin, en Pico da Gama, en la señorita Haversham de
Dickens, en la mujer de los papeles de Aspen de Henry
James, que son cosas que yo tuve presente cuando
escribí *Aura.* Pero sobre todo tuve presente la gran
fuente de la metamorfosis de la mujer en la cultura
occidental, que es el personaje homérico de Circe,
¿verdad? No porque es capaz de transformar, sino
porque es capaz de transformar-*se.*

Sylvia Fuentes — ¿Lo importante en un escritor
no es la originalidad?

Carlos Fuentes — Eso de la originalidad es un mal
occidental moderno, y es particularmente un mal
latinoamericano. La América Latina, como decía
Alfonso Reyes, "llega siempre con veinte años de
retraso a los banquetes de la civilización". Tenemos un
terror tal de que nos juzguen provincianos, poco modernos que no estamos a la par, no estamos al día, ¡ay,
qué terror! Nos van a considerar payos, nos van a
señalar con el dedo, no sabemos usar el zapato bien, no
sabemos comer bien en la mesa, nos vamos a tragar el
silo que nos ponen para limpiarnos los dedos, ¡qué sé
yo! Todos estos complejos extraños de los latinoamericanos se traducen en un afán de originalidad:
No, nosotros somos muy originales, no le debemos
nada a nadie. Esto lo decía con mucho humor Gui-

llermo Cabrera Infante. Estábamos viendo juntos los murales de Diego Rivera en el Palacio Nacional de México, donde hay una lista en un muro de cosas que el mundo le debe a México: el aguacate, el pavo, el chocolate, la papa, quién sabe cuantas cosas, los chiles... y dijo Cabrera Infante mirando el mural de Diego Rivera: "Si hubiese que escribir una lista de las cosas que México le debe al mundo no bastaría el muro, no bastaría el Palacio Nacional." Estamos en deuda con el mundo y el mundo con nosotros, del cual somos parte. Pero la pretensión de originalidad es una pretensión rastacuera, me parece a mí, arribista, sospechosa; nunca he creído en ella, porque creo profundamente que somos parte de una tradición, que los libros son libros de otros libros, son hijos de otros libros y que todo lo que se ha dicho se puede remontar a Homero, a un anónimo poeta chino, a un escriba japonés olvidado.... Esto lo ve Cervantes maravillosamente cuando pone en duda toda la autoría del *Quijote,* ¿verdad? ¿Quién escribió el *Quijote*? Un tal Cervantes, un tal Cervantes, autor de una *Galatea,* un tal De Saavedra, que se distinguió por los hechos de armas en Lepanto, o un escriba que se llama Cide Hamete Benengeli, pero que le tomó la idea a un traductor árabe desconocido; ¿quién escribió *Don Quijote de la Mancha*? Vamos a renunciar a la originalidad: todos escribimos *Don Quijote de la Mancha.* Los grandes libros son libros escritos por todos, y sobre todo por una gran tradición.

Silvia Fuentes — Carlos, la novela hispanoamericana es la novela más viva, ¿qué posibilidades tiene la narrativa hispanoamericana?

Carlos Fuentes — Pues yo creo que la narrativa hispanoamericana no es concebible sin muchos factores que le dieron vida, que la alimentaron. Yo creo que detrás de cada novelista hay un poeta en

América Latina. Yo siento que sin Neruda, sin Paz, sin Huidobro, sin Vallejo, yo no podría escribir una línea. Y detrás de nosotros además, está la crónica, está la extraordinaria aventura de la conquista, del descubrimiento, está Bernal Díaz, que para mí es el primer novelista hispanoamericano, después de todo. Y yo creo que una literatura se hace de alimentaciones mutuas, de un trasiego, de un trasiego verbal, que algún día puede darle mayor brillo a la instancia poética estrictamente, otras veces a la narrativa, otras veces, lo espero, al ensayo, a la memoria, sobre todo. La memoria es una cosa que nos falla mucho, curiosamente, en América Latina. Hay pocos memorialistas interesantes. Yo creo que en los próximos años vamos a ver un "boom" de libros de memorias. Pero creo otra cosa muy profundamente, creo que la literatura hispanoamericana no es una literatura aislada; es una literatura comunicada con el resto del mundo. El famoso "boom" es un hecho que viene de la comunicación, no del aislamiento, no de la singularidad. Entonces, habría que hacer una especie de geografía de la novela para ver dónde está viva la novela, más bien, en quiénes está viva la novela. Geográficamente, yo creo que se puede decir sí, la novela latinoamericana está viva, la novela norteamericana está viva, la novela de la Europa Central está viva: es una novela de insatisfacciones, de cosas por decir, de cosas no dichas, como la nuestra. Pienso en Milan Kundera en Checoslovaquia, pienso en Kusnievitz, o Andrecyevski en Polonia, pienso en Günther Grass en Alemania. Pero hay una novela que se hace en Africa, Nadine Gordimer escribe en Africa del Sur; Chinua Achebe escribe en Kenya, Salman Lorski escribe en la India; Naipaul es un exiliado del Caribe, pero es un hombre que viene de Trinidad; Edouard Glissand escribe en francés, pero es un hombre de la Martinica, es un negro de la Martinica. De manera que hay, como siempre, una pluralidad de individualidades con raíces y con tradición escribiendo novelas, escribiendo novelas en el mundo. Y la novela hispanoamericana no puede ser un hecho aislado, un hecho singular, sino que cada vez más va a tener que alimentarse de lo que es la novela actual, porque la novela actual está defendiéndose, es una falange con muy pocos cohortes, con muy pocos soldados, defendiéndose de un embarque gigantesco de los medios de información masiva, o de los ataques del poder, por los dos lados. De manera que hay que ser muy heroicos para defender esa pequeña fortaleza del hecho verbal narrado.

Sylvia Fuentes — Tú me has querido decir que te hubiera gustado ser poeta, ¿por qué?

Carlos Fuentes — Lo soy, lo soy...

Sylvia Fuentes — Bueno, lo eres, pero...

Carlos Fuentes — No, mira, en realidad todo novelista es un poeta. A mí me hubiera gustado ser dibujante, caricaturista, o ser actor, actor de carácter en una película de la Warner Brothers, en la que yo soy el malo y Humphrey Bogart es el bueno, ése es un deseo secreto mío.

Sylvia Fuentes — Yo iba a preguntarte...

Carlos Fuentes — Pero de la poesía no sé, ...

Sylvia Fuentes — ...esas cosas se olvidan...

Carlos Fuentes — Bueno, tú recuerdas, tú eres mi alcancía de la memoria, tú recuerdas unas cosas de las que yo ya no me acuerdo.

Sylvia Fuentes — Ahora sé que ya no te interesa ser poeta. Pero yo quiero preguntarte algo: el cine es una obsesión para ti, así como las actrices de cine. Y las actrices del cine te interesan, no solamente las guapas, las bonitas, te interesan las viejas. Cuando te has encontrado con Louise Rainer te has vuelto realmente loco a sus pies. Bueno, pero también te vuelves loco con todas esas mujeres que han simbolizado algo especial para ti a lo largo de tu vida. Yo no sé qué: te has casado con actrices de cine, estuviste casado con Rita Macedo, en fin, ¿por qué esa obsesión con las actrices de cine? Acabas de escribir una pieza de teatro, *Orquídeas a la luz de la luna,* basada en dos actrices mexicanas, María Félix y Dolores del Río. ¿Por qué esa obsesión con el cine y con las actrices de cine?

Carlos Fuentes — Bueno, vamos por partes. Con el cine... A mí me parece que uno de los grandes hechos estéticos y democráticos de los últimos ciento cincuenta años es la aparición de la fotografía. Yo estoy muy preocupado con el problema de la identidad, como lo sabes, yo siempre ando indagando problemas de identidad en todo lo que escribo, es una mono-manía, una obsesión mía. Entonces, hay un hecho espectacular y es que por primera vez en la historia, hay la posibilidad de darle una identidad, una cara, un rostro a millones de seres humanos. Cuando uno piensa que pasaron siglos y siglos sin que quedara ningún testimonio de lo que eran los rostros de la mayoría de las gentes que han nacido, vivido y muerto es este planeta. ¿Quiénes tenían derecho a un retrato, derecho a una estela? Los dioses y los reyes, ¿no? Nada más. Entonces, de repente, en el siglo XIX, todo el mundo tiene derecho a su imagen. Y más que eso, esta imagen entra en movimiento. Entonces, todo el pro-blema platónico de saber dónde está la verdad, dónde está la sustancia y dónde está la sombra en la caverna, la famosa alegoría de la caverna, adquiere otra di-mensión; porque en el cine se está viendo que esta mesa es *esta* mesa; pero esta mesa es *la* mesa, esta mesa tan absolutamente substancial, tridimensional, exacta, precisa, concreta y material es *la* mesa, o es *una* mesa. Se vuelve a plantear un problema, pero ahora demostrado de una manera no verbal, sino visual y en movimiento. Tenemos a la gente capturada, sorprendida, un poco para la eternidad, como quería Mallarmé: "telle qu'en elle même l'éternité l'a transformée"—estamos viendo un juego con el tiempo, con la identidad que a mí me impresiona mucho. Yo creo que una mujer vive en varias edades. Si yo quisiera encontrar el lugar de encuentro, el templo, la zona sagrada de todos estos niveles del tiempo de los cuales hemos estado hablando, creo que la encuentro siempre en la imagen de la mujer. La mujer tiene una gran capacidad, yo creo, para vivir en muchos tiempos simultáneamente, mucho más que los hombres. Porque las mujeres se sientan y miran a través de las ventanas. Yo nunca veo hombres mirando a través de las ventanas. Veo mujeres mirando a través de las ventanas como si estuvieran espiando otro tiempo, otro mundo. Los hombres son más activos, están aquí viendo lo inmediato, o viendo el gran horizonte político, etc. Las mujeres están viendo que detrás de las ventanas hay algo que los demás no vemos. Y están viendo que hay muchos tiempos, y que las cosas tienen distintas edades, y que hay rincones oscuros de donde puede surgir no una cosa distinta, sino un tiempo distinto... Las mujeres saben que hay realidades contiguas, paralelas, que estamos todos acompañados de un fantasma, en cierto modo. Y que todo esto es representable, para llegar a las actrices. La resolución del gesto, de la actitud, en símbolo, se logra, dice Levi-Strauss, a través del rito. El rito transforma el gesto simple en símbolo y para mí nadie lo hace con mayor belleza y con mayor misterio que una actriz que está representando un gesto, dándole valor de ritual para convertirlo en símbolo. Entonces, esto nos lleva otra vez al teatro. Yo soy un autor de teatro frustrado, en cierto modo, porque he escrito muy poco teatro y un teatro muy mío, creo, muy, a veces, poco representable, con ciertas idiosincrasias, pero donde estoy siempre extraordinariamente preocupado por esa realización que otorga la representación escénica de las cosas que, claro, si tú me lo preguntas, es una venganza contra esta tarea innoble, esta tarea pesada, aburrida, que es sentarse a hacer garabatitos todos los días en absoluta soledad, requiriendo silencio, sin compañía, de escribir novelas, que es una de las cosas más fatigosas, te encorva, ¿verdad? te aburre, tienes que recuperarte: estás solo, solo, solo. El teatro es la posibilidad de ser novelista con gente, con público, con actores, con actrices, con escenarios, con música. Es como un oasis para mí en el mundo de la novela; cuando he podido intervenir en el teatro siento que soy un viejo camello que llegó a su oasis y que va a poder beber un poco de agua.

Sylvia Fuentes — Te voy a hacer una pregunta que no te gusta que te hagan, pero, dime, ¿tienes algún sentimiento especial por alguna de tus novelas?

Carlos Fuentes — Sí, por esa única novela que he escrito, esa única novela que está comunicada en diversos capítulos, en diversos estratos subterráneos, te lo he dicho a veces, como una casa de apartamentos: tiene un sótano donde vive Aura con su sobrina y una serie de plantas húmedas y tiene un *penthouse,* donde vive Artemio Cruz en gran opulencia bebiendo champagne; bueno, en medio hay muchos pisos y muchas gentes y muchas realidades.

Sylvia Fuentes — De pronto me estoy acordando que hace mucho tiempo me dijiste, tampoco te vas a acordar, que querías escribir una versión concentrada de *Terra nostra* para los principiantes.

Carlos Fuentes — El *Terra nostra* "for beginners", ¿verdad? así como hay el *Finnegan's Wake* "for beginners." No, es una obra que, a pesar de que mucha gente la usa para detener puertas, o la usa como libro

101

de teléfono, ...

Sylvia Fuentes — Para sentar a los niños a la mesa...

Carlos Fuentes — O como dijo el Gabo García Márquez: "se necesita una beca de un año para leer *Terra nostra.*" Bueno, es una novela que también tiene muchos lectores, que va ganando lectores, porque es lo que es, no porque es otra cosa, sino porque es lo que es, porque es la novela más larga que se ha escrito en español después de *Don Quijote,* porque hay una exigencia ahí, porque hay una serie de misterios, y porque hay un desafío de co-creación con el lector. Y yo quiero que sea así, que sea difícil y que nos cueste a todos, a que alguna gente la tire y diga: "¡Qué horror! He perdido el tiempo durante un mes leyendo esta novela," y otra gente que se sienta profundamente recompensada y se convierta en autora de *Terra nostra.* Bueno, yo quiero tener la compañía de esos co-creadores, de esos co-autores, y que les cueste.

Sylvia Fuentes — Mencionaste a Gabo y has estado mencionando a algunos de tus amigos escritores; ¿has continuado esa amistad realmente intensa? Yo te conocí hace diez años y desde entonces la amistad con ellos es profunda, aunque ya no los ves con la frecuencia que los veías antes.

Carlos Fuentes — Había un sentido de camaradería, de unión muy grande, tú lo sabes. Celebramos una noche de Año Nuevo en Barcelona hace diez años y fue de una gran camaradería, de una gran amistad; hoy sería imposible reconstruirla. Entonces, pues, ha habido muchas diferencias personales, políticas, y la gente tiende a ser menos generosa con el tiempo, o más impaciente, mucho más impaciente con los demás. De manera que ya no hay ese milagro único en la historia de las letras hispanoamericanas de una generación de escritores que todos eran amigos entre sí, ¿verdad? De eso ya no hay. Yo he tratado de mantener la amistad con la mayor cantidad de gente que he podido, pero a veces, hasta eso es difícil.

Sylvia Fuentes — Carlos, yo muchas veces he oído a gente que me comentan, me dicen, "Silvia, Carlos podría ser un político y estar en el gobierno mexicano, ¿tú crees que podrías serlo?

Carlos Fuentes — No, no, no. Para ser político hay que ser muy solemne. Y yo tengo un duende adentro de mí, un Puck.

Sylvia Fuentes — Habría que hablar un poco de eso.

Carlos Fuentes — Sí, hay que decir una serie de cosas, Silvia. Pero hay que ser un personaje, hay que tener una personalidad determinada para actuar en la política mexicana, hondureña o colombiana, y a mí me cuesta mucho porque hay un duendecito que me sale y se empieza a reír de esas situaciones y de esas gentes y de la forma de hablar, de las fórmulas y la retórica, y me empiezo a reír y un día hago una barbaridad que le demuestra al poder que yo no soy una persona confiable, que no se puede confiar de mí porque soy capaz de hacer una broma pesada, porque soy capaz de inventar algo absolutamente inusitado, insólito que rompe las reglas del juego y en un sistema político, cualquiera que sea, en México, en los Estados Unidos, en Cuba o en Francia, fundamentalmente, hay que tener gentes en las que se pueda confiar cien por ciento. Y un escritor no es una persona confiable. Un escritor revela secretos, saca confesiones, convierte las cosas en juego. Tiene un elemento lúdico muy importante. Además, sabe que la política es tan importante como su temporalidad. La política es importante porque es pasajera y no puede pretender a la inmortalidad, y esto no lo tolera a veces la gente en el poder porque quieren creerse inmortales, y no lo son, y

103

el escritor les está diciendo: mira, somos muy cuates, somos muy amigos, tú eres muy simpático pero no eres inmortal, ¿verdad? Al rato te vas a ir a tu casa y ni quién se acuerde de ti. ¿Quién era el Margrave de Brandemburgo cuando Bach escribió los conciertos de Brandemburgo? Ni quién se acuerde de él. Y si le dices esto a un político mexicano o al representante del estado de Arkansas, o al senador de California se ponen encabronados, simplemente porque ellos son mortales y nosotros, los demás, no.

Sylvia Fuentes — Pero tú también, tú te burlas un poco cuando hablas de la inmortalidad de un escritor.

Carlos Fuentes — Por supuesto. Lo que quiero decir es que, como una vez le dije a un presidente mexicano, a Díaz Ordaz, usted dura seis años, y yo duro toda la vida, por lo menos. Yo sigo en funciones hasta que me muera, eso sí.

Sylvia Fuentes — Bueno, yo sólo quería decir que tú te burlas cuando hablas de la inmortalidad.

Carlos Fuentes — Ah, no, no. ¿Quién puede pensar eso, quién lo sabe, además? Esas son cosas que se dan con la vida.

GOYTISOLO

Juan Goytisolo
(España, 1931)

Los hechos de una infancia vivida bajo las alternativas de la Guerra Civil y de una juventud en oposición abierta al régimen franquista, lo signaron a un largo exilio. Buena parte de su obra refleja los conflictos que ocasionan el desarraigo y la transculturación. Su vasta producción literaria, compuesta por novelas, relatos y ensayos, entre otros: Juego de manos *(1954),* Duelo en el paraíso *(1955),* Fiestas *(1957),* La resaca *(1958),* Problemas de la novela *(1959),* Para vivir aquí *(1960),* Campos de Níjar *(1960),* La isla *(1961),* Fin de fiesta *(1962),* La Chanca *(1962),* Señas de identidad *(1966),* Reivindicación del conde Don Julián *(1970),* Juan sin tierra *(1975),* Makbara *(1980),* Paisajes después de la batalla *(1982),* Estela del fuego que se aleja *(1984), está construida en relación al enfrentamiento político pero especialmente a su propuesta de destruir y, a la vez, reivindicar la literatura hispana. Esto es notable en sus últimos libros, escritos con un lenguaje polisémico que admite y requiere diversas lecturas y en el que se apoya para ofrecernos una interpretación original de la historia y las letras españolas. Otro de sus hallazgos ha sido combinar una escritura de alto tono poético con la descripción de un mundo sumergido en lo marginal. De los escritores con que cuenta España actualmente, Juan Goytisolo pertenece a ese reducido grupo de aquellos que están poniendo al día la narrativa nacional.*

Juan Goytisolo
La libertad de los parias

...al morir él (Franco) me quedaba huérfano, huérfano
de un padre tiránico, aborrecible, detestable, pero
que había ejercido sobre mí mayor influencia que mi
propio padre, en la medida en que si me había ido
fuera de España había sido por él. Todo lo que yo soy
se lo debía a él indirectamente y para mí era muy
importante expresar literariamente esta relación
monstruosa que yo tenía con este dictador...

Juan Goytisolo
"La libertad de los parias"

Juan Goytisolo — Cuando escribí *Juan sin tierra*
era realmente un proscrito. Vivía fuera de España, mi
obra estaba prohibida, mi nombre no podía pronun-
ciarse en la radio, no se podía escribir en los periódicos, era una no-persona y la situación que soportaba
mi país era excesiva y tal vez esta situación excesiva
provocaba una respuesta igualmente excesiva. Ahora,
en la medida que la situación ha cambiado, que hay
una democracia en España, que la vida cultural, intelectual y social sigue un curso propio de este siglo,
pues naturalmente mi relación con España ha cambiado, digamos que ahora son relaciones mucho más
aceptables o neutras y no tienen la pasión de odio
que tenían hace doce años.

Randolph Pope — El texto tiene dos niveles. Por una parte, estás hablando de la relación con la patria histórica; por otra parte, de una serie de memorias, de indoctrinaciones, de visiones que te fueron impuestas, por ejemplo cuando eras niño. La memoria de una infancia en la cual viviste — por decirlo así — una superchería, como lo has dicho tú mismo también, ha sido parte de esa patria del pasado.

Goytisolo — Cada escritor trabaja sobre un material autobiográfico. En este aspecto, la experiencia infantil de cada cual y adolescente es decisiva; la mía fue una experiencia bastante dura en la medida en que mis hermanos y yo fuimos víctimas de la guerra civil que vivimos de una forma dramática en mi familia. Y la verdad es que desde que tuve uso de razón, mi obsesión fue la de irme. Puedo decirte que desde los dos o tres años supe que no viviría en mi país, que me iría. Al terminar el bachillerato, se me ocurrió estudiar de abogado para ser diplomático — una idea absolutamente disparatada, porque no hay nada más lejano de mi carácter y temperamento que la personalidad de un diplomático — con la idea, en el momento aquel que no había pasaporte, de poder vivir fuera, de irme fuera.

Pope — Este sueño de ruptura, de salir, que se ve como algo que impulsa en *Señas de identidad,* tú lo has visto también como una traición de toda esa gente que tiene que estar situada en una determinada situación política. ¿Tú lo has sentido así alguna vez, más tarde?

Goytisolo — Yo doy a la palabra traición naturalmente un contenido vivo, la reivindico; la empecé a usar cuando yo estaba exiliado en Francia. Escribía en la prensa francesa sobre la situación política española, la prensa del régimen me atacaba y me calificaba de traidor. Esto al principio me afectó mucho, consideraba que era una actitud injusta, puesto que estaba criticando un gobierno opresivo, y sin embargo me calificaban de traidor, de antiespañol, etc. Finalmente, al cabo de una temporada, reaccioné y decidí asumir, dar un contenido positivo a esta traición; decir que sí, que era un traidor, en la medida en que el régimen español no era simple producto de una casualidad histórica, no había sido una desdicha debido a la pérdida por el bando republicano, sino que se inscribía ya en una larga tradición, en una cultura que tenía sus mitos, sus bases culturales, etc. Y de ahí mi propósito de no limitarme a una crítica de la sociedad española creada por el régimen, sino de las bases culturales y sociales e ideológicas que habían permitido la creación de este régimen.

Pope — Al mismo tiempo ir creando en esta especie de búsqueda de un oasis en la memoria, en la historia, una nueva tradición; porque es también lo que has ido haciendo, buscando a la heterodoxia, a Blanco White y otros escritores.

Goytisolo — Sí, en cierto modo había una búsqueda muy deliberada de forjarme yo mi propia tradición. Recuerdo que cuando leí por primera vez a Blanco White tuve una experiencia de lector extraordinaria: me dio la impresión de estar leyendo algo que podía haber escrito yo, pero estaba escrito en otro idioma, estaba escrito en inglés y pasé, recuerdo, algunas semanas inolvidables releyendo en universidades norteamericanas la obra inglesa de Blanco y fue cuando decidí traducirla y escribir el prólogo que en realidad hablando de Blanco estaba hablando de mí mismo. Esta misma actitud de identificación la he tenido después con escritores más cercanos en el tiempo, concretamente con Luis Cernuda; pero no son los únicos, he dedicado bastantes ensayos a una serie de autores con los que me he identificado y que me han servido de base, digamos, para esta agresión cultural a la mitología oficial, a la literatura oficial, a la España oficial.

Pope — Pero ahí se mantuvo también una cierta insistencia ética que aparece en todo lo que escribes; creo que algo que caracteriza lo que tú haces es esta especie de moralidad inescapable.

Goytisolo — Bueno, yo creo que para mí va indisolublemente ligada la ética a la literatura. La conclusión a que he llegado desde hace algún tiempo es que la única regla moral que se puede y se debe exigir a un escritor es la de que devuelva a la comunidad lingüística a la que pertenece una lengua distinta, una obra distinta de la que ha recibido de ella en el momento de emprender la creación. Esta es la única regla moral que yo acepto. Esto implica una exigencia ética y a la vez una exigencia artística.

Pope — Y eso te ha llevado también, yo diría, a combatir la retórica dramática, la retórica que oculta, y a todo lo que sea teatral en la literatura.

Goytisolo — No hay que olvidar que cualquier tentativa de creación de una obra literaria implica una destrucción. Esto Cervantes nos lo ha enseñado; Cervantes no es sólo el mayor creador de nuestra lengua, es el mayor destructor de códigos literarios de nuestra lengua. No hay que olvidar que sobre todo la primera parte del *Quijote* está construida a base de derribar todos los sistemas, todos los códigos de la época de Cervantes; con las ruinas de estos sistemas edificó esta fábrica admirable y maravillosa que es el *Quijote*.

Pope — ¿Con qué códigos te encontraste tú cuando empezaste a escribir?

Goytisolo — Yo creo que la influencia de Cervantes se manifiesta muy claramente en mi novela a partir de la *Reivindicación* y debo decir que fue en una forma bastante inconsciente en la *Reivindicación*. Así como en *Juan sin tierra* hay una influencia cervan-

110

tina muy clara, muy deliberada, muy consciente, en la *Reivindicación* no. Cuando empecé a escribir la *Reivindicación* no tenía conciencia de que estaba entrando en el terreno, en el campo de maniobras de Cervantes; estaba cervanteando, por llamarlo de alguna manera, sin saberlo. Y fue al terminar la novela que me di cuenta de que el episodio de las moscas en la Biblioteca española de Tanger, cuando don Julián, el héroe, entra y va aplastando las moscas en las páginas de los libros cumple dentro de la obra la misma función que el episodio de la biblioteca del *Quijote* cuando es expurgada por el cura y el barbero; es decir, la introducción de la crítica literaria en el corpus de la novela. De esto, debo decir, que fui absolutamente inconsciente; al terminar la obra me di cuenta que había estado repitiendo el esquema de Cervantes, en la medida en que son totalmente fundamentales dentro de la *Reivindicación del conde don Julián* todos los códigos literarios, la historia de la literatura española y la crítica de la literatura española, como es absolutamente fundamental todo el papel de la novela pastoril, la novela de caballerías, yo diría hasta el teatro de Lope de Vega y la novela bizantina en *Don Quijote*.

Pope — Así como el cura y el barbero tienen un cierto criterio para tirar libros por la ventana y luego ser quemados por la sobrina ¿qué tipos de criterios usabas tú al aplastar las moscas?

Goytisolo — No hay que olvidar que en la *Reivindicación* hay una doble vertiente. Por un lado, una crítica de una serie de autores, una crítica muy fuerte de la generación del 98 y yo diría que menos de la generación del 98 que de la empalagosa visión del 98 que se nos daba en España en los años 40, 50, 60, etc. Por otro lado, hay una reivindicación de una serie de valores de la literatura española. La *Reivindicación* se inscribe bajo la égida de cuatro grandes autores: hay

111

una referencia temática continua a Fray Luis de León y a *La profecía del Tajo;* hay una referencia a *La Celestina,* obra que yo considero siempre como la obra más subversiva de la literatura española; una referencia a Cervantes a la que me acabo de referir; y finalmente a nivel del lenguaje, una referencia a Góngora — que es el poeta con mayúscula no nombrado que aparece continuamente en la obra.

Pope — Hay también un refinamiento de la técnica misma de la escritura. ¿Cómo te has planteado la escritura de estos textos tan complejos?

Goytisolo — Curiosamente no me los he planteado como un lector podría suponer a primera vista. En mi primera etapa, cuando escribía una novela partía de un esquema, trabajaba sobre este esquema, lo iba modificando a medida que escribía la novela, a veces lo modificaba, a veces no, pero siempre partía de un esquema. La última obra que escribí partiendo de un esquema fue *Señas de identidad.* En *Señas de identidad* también partí a base de unos esquemas que modifiqué radicalmente y la propia escritura se transformó a lo largo de la novela. A partir de la *Reivindicación,* cuando me he puesto a escribir, nunca sabía dónde iría. Es decir, empecé a escribir la *Reivindicación* con una serie de imágenes mentales muy fuertes y escribí unos textos sobre estas imágenes mentales que se fueron desarrollando poco a poco y, en cierta manera, la obra creció por sí sola y no a partir de un esquema previo. Y esto me ha ocurrido tanto en la *Reivindicación* como en *Juan sin tierra, Makbara* y en la reciente *Paisajes después de la batalla.*

Pope — En *Juan sin tierra* la división en capítulos escritos en diferentes formas parece mucho más estructurada que en las otras novelas.

Goytisolo — Es que cada obra tiene su propia estructura. La *Reivindicación* tiene una estructura muy circular, los temas se cruzan, se descruzan continuamente; algunos críticos han señalado muy bien una concepción casi musical en la composición, con una reiteración de motivos, etc. Pero no partía de un esquema, realmente el texto se iba creando solo. En el caso de *Juan sin tierra* la estructura se creaba en cada capítulo; cada capítulo abría a partir de un texto y desarrollaba una serie de textos que proliferaban alrededor del primero y finalmente creaban un capítulo.

Pope — Fueron apareciendo también cuatro figuras de ilustres marginados: Kavafis, Ibn Turmeda, Lawrence de Arabia... ¿esto era algo que habías elaborado en tus lecturas?

Goytisolo — Era el resultado de mi interés por estos personajes que tenían, que participaban conmigo de esa fascinación por el Islam. Ibn Turmeda fue este monje catalán que renegó, que se hizo musulmán en el siglo XIV y XV; luego el famoso Lawrence, etc. eran personajes que de una manera u otra habían tenido esta preocupación, este interés por el mundo islámico.

Pope — Además del interés tenían también un rechazo de su propia cultura; porque todos ellos son gente que lo hicieron en cierto sentido a contrapelo de su cultura y de su clase, incluso hasta de su propio nombre; como en el caso de Lawrence que llega a hundirse en el anonimato, para no llegar a ser una figura destacada.

Goytisolo — Sí, el personaje de Lawrence desde luego me ha fascinado, aunque hay toda una tradición dentro de los viajeros ingleses, los viajeros ingleses interesados por el mundo árabe. Posteriormente a haber escrito *Juan sin tierra* descubrí un escritor aún mucho más interesante que es el famoso Sir Richard Burton, el traductor de *Las 1001 noches* y al que he dedicado un largo ensayo.

Pope — Gonzalo Sobejano entre muchas de sus estupendas observaciones habla de ti como de un turista trascendental; en el sentido que has estado viajando por diferentes lugares pero con una visión más profunda o de exploración. Pero tú mismo dices que en ninguna parte has echado raíces y que has sentido también una cierta marginación, por ejemplo, en la experiencia francesa. ¿Te ocurre algo semejante ahora que vives en Africa?

Goytisolo — Es inevitable; es decir, yo podría clasificar a los exiliados casi, en su mundo que conozco bien, en tres categorías: los que viven mentalmente, han detenido su reloj en el día que abandonaron su país y que ponen el resto de la vida entre paréntesis, es decir, toda su vida mental se relaciona únicamente con el país que han dejado. Hay una segunda categoría, al revés, que se adaptan, olvidan su país de origen, olvidan el drama del exilio y se incorporan plenamente a la vida del país que les acoge. Y hay, finalmente, una tercera categoría — que es sin duda a la que yo pertenezco — que han perdido, en cierto modo, las raíces con el país de origen sin echar raíces en ningún otro país, y nos sentimos un poco extraños en todos lados.

Pope — Pero con una cierta perspectiva que permite ver, como los viajeros del siglo XVIII.

Goytisolo — Para mí la literatura va ligada a esta visión. Me parece que es muy lógico que una serie de obras fundamentales de nuestra literatura hayan sido escritas por exiliados, no ya políticos, sino simplemente gente que ha abandonado su país por razones personales o privadas. Esta distancia les ha permitido ver su propia sociedad, su propia cultura con una objetividad que no podían tener si hubiesen permanecido dentro. Yo siempre empleo estas palabras de Blanco White diciendo que, en cierto sentido, el exilio ha sido la bendición más señalada que recibí en mi vida, porque lo que he hecho hubiese sido imposible de haber permanecido yo en la sociedad española.

Pope — Aunque no podemos recomendar, supongo, una receta generalizada. El exilio también tiene muchas cosas negativas.

Goytisolo — Puede tener y tiene forzosamente elementos muy negativos, pero en algunos casos el saldo positivo me parece mucho mayor. Yo he aprendido fuera, he aprendido a conocer mi país desde fuera, he conocido España desde fuera y es muy interesante ver uno su propia cultura a la luz de otras culturas; su propia lengua a la luz de otras lenguas, porque cuando vives fuera la presión social y cultural de tu medio es mucho menor; puedes establecer tu propia jerarquía en lugar de someterte a las jerarquías aceptadas o impuestas por el uso. Esto te da una mayor independencia de juicio y una manera más fresca de ver las cosas.

Pope — ¿Pero no son ésas unas jerarquías un poco irreales, porque tú no estás sometido a las tensiones que tiene que vivir una persona normal día a día dentro de su sociedad?

Goytisolo — Esto, por ejemplo, en épocas de dictaduras es absolutamente terrible; es decir, yo era plenamente consciente de que si hubiese vivido en España con un régimen como el que había entonces, era tal la cantidad de porquería que te caía encima leyendo el periódico, oyendo la radio, viendo la televisión, etc., que tenía la impresión de que para permanecer mínimamente limpio me tenía que pasar el día rascándome la piel para sacarme esta capa de mugre que me caía encima; entonces, claro, era para mí una pérdida de energía total, mientras que desde fuera podía escribir con menos tensiones y dedicarme plenamente a la creación literaria.

Pope — Me imagino que *Campos de Níjer, La chanca,* libros que me parecen maravillosos, no hubiesen sido posibles sin esa retirada primero para poder volver.

Goytisolo — A mí siempre me llamó la atención que una de las regiones más bellas y más extraordinarias de España como es la de la provincia de Almería, en general la España del sudoeste, nunca tuvo un escritor que mostrase este paisaje que a mí me parece absolutamente fascinador y extraordinario. Yo creo que se debía a que España en aquel momento — y los escritores españoles como reflejo de la sociedad española — querían sacar al país del subdesarrollo y todo lo que les recordaba este subdesarrollo o lo que ligaba a España con Africa, pues era como un testimonio molesto, algo de lo que se querían desembarazar, que les quitaba el sueño; querían ser europeos como los demás. Y esto explica, yo creo, que estas bellezas de Andalucía sólo podía verlas un extranjero y pienso en alguien como Brenan, o un español que venía del norte de España, de un mundo ya industrial y que tenía una experiencia de Europa; regresar allí con una visión totalmente distinta para captar la belleza estética de este lugar. Esto me creaba un conflicto porque por un lado tenía que testimoniar unas condiciones de vida durísima, de una opresión social, de una presión moral terrible como la que había en esta zona de España en aquel momento y hacer conjugar esto con esta pasión estética por el paisaje. Es decir, este choque entre estética y moral era el que provocaba una tensión que yo creo que es lo que le da fuerza a estos relatos; porque si olvidas el lado social, puedes escribir entonces una sucesión de tarjetas postales, mientras que si sólo hablas del problema social escribes en realidad un panfleto pero no un texto literario. Para mí la literatura brota siempre del choque de dos emociones o dos ideas opuestas y si no hay combate no hay literatura. Para mí esto es la regla primera, y la segunda (esto lo descubrí más tarde) es la conquista de lo que no sabemos. Yo creo que al escritor le deben preocupar mucho más no los cien pájaros en mano, sino el que — para desesperación suya — sigue volando. Esto para mí ha sido la norma, la norma estética que he seguido en los últimos años.

Pope — ¿Cuál pájaro sigue volando para ti ahora, hoy?

Goytisolo — Siempre cuando termino una obra si me propongo escribir otras es porque este pájaro sigue volando. Insisto en que nunca sé adónde voy a ir. Si ya sé de donde parto y sé adónde voy, esto sería un camino tan usual como tomar el autobús de un barrio a otro.

Pope — Esta tensión que tú mencionabas entre belleza y revelación de una realidad tremenda fue una tensión que vivieron mucho todos los novelistas del neorealismo italiano. ¿Esta gente forma parte de tu familia espiritual, de gente con la cual tienes cosas en común?

Goytisolo — Sí, sin duda. Yo leí mucho en esa época a estos autores que tú has mencionado, también a Elio Vittorini a quien, por otra parte, he dedicado la edición de *La Chanca* y sin duda la experiencia que estos escritores tuvieron del fascismo fue bastante útil para mí en la forma de enfocar mi relación con la opresión cultural social vivida por España bajo Franco.

Pope — A la muerte de Franco tú escribiste incluso un texto.

Goytisolo — Es cierto, yo estaba en Estados Unidos durante su interminable agonía y allí tuve una comprobación. Me había, en cierta manera, curado; vivía un poco alejado de lo español y de la problemática hispana, pero lo que ocurrió en ese otoño... Durante su agonía Franco hizo fusilar a cinco muchachos vascos; esto me produjo una indignación absoluta y pensé: la única relación que tengo con este país, con España, es la capacidad de indignación. Y finalmente cuando murió Franco redacté este texto *in memoriam*. Es el único texto que he escrito prácticamente sin corrección. "En mi vida" lo escribí en veinticuatro horas; recuerdo que me habían invitado a dar una lectura en la Biblioteca del Congreso en Washington y donde tenía que dar una conferencia de tema literario. Sin avisarles leí este texto que en realidad era para mí como una pequeña venganza contra este Congreso norteamericano que tanto había ayudado a Franco a mantenerse en el poder dándole créditos, estableciendo una alianza militar, etc. Es decir, para mí fue, digamos, una satisfacción mínima, pero profunda el poder leer el texto precisamente allí.

Pope — Franco también representa, o su desaparición representa, la desaparición de todo ese espacio en el que tuviste que crecer. Estaba pensando en las influencias tan diferentes o presencias tan diferentes que hay en tu primera serie de novelas: *Duelo en el paraíso* o *Fiestas* o *El circo* y hasta ese descubrimiento que tú has llamado *La resaca* al cambio que viene después con *Señas de identidad*. ¿Cómo se articula esa transformación?

Goytisolo — Empezando con la referencia que haces a Franco, en realidad fue una especie de padre monstruoso de todos los españoles. En este texto lo que yo quería señalar era que al morir él me quedaba huérfano, huérfano de un padre tiránico, aborrecible, detestable, pero que había ejercido sobre mí mayor influencia que mi propio padre; en la medida en que si me había ido fuera de España había sido por él. Todo lo que yo soy se lo debía a él indirectamente y para mí era muy importante expresar literariamente esta relación monstruosa que yo tenía con este dictador al que

118

yo, por otra parte, suponía inmortal, porque no me acababa de convencer que su muerte era posible.

Pope — Pero él te creó el ambiente, llamémoslo de la adolescencia, al cual tuviste que rebelarte con la partida a París y con una búsqueda de nuevos modelos.

Goytisolo — Sí, claro. Cuando yo empecé a escribir, empecé a escribir muy joven, mi primera obra publicable y publicada fue *Juegos de manos* que la escribí alrededor de los veintiún, veintidós años y me encontré con que ya a partir de *Duelo en el paraíso* todo lo que yo quería hacer, las ideas literarias eran inpublicables en España; me encontré ante una situación para mí de vida o muerte. Era: me quedaba en el país y me condenaba al silencio o tenía que irme fuera a escribir.

Pope — De hecho tu primera obra, que fue premiada y todo, nunca se pudo publicar; el cuento que ganó el premio en el 52.

Goytisolo — Afortunadamente no se pudo publicar porque era muy malo. En este caso yo no sé si fue por razones de censura o porque el editor quebró, no recuerdo; pero realmente no lamento el que no se publicara porque era una obra muy inmadura y muy juvenil, la había escrito a los 16 o 17 años, aunque la presenté a un premio unos años después; o sea que la literatura no perdió nada.

Pope — De esas primeras novelas que llegan quizás hasta *La resaca* ¿hay algunas cosas que te vienen a la memoria cuando piensas en ellas?

Goytisolo — Pienso muy poco en ellas. Conservo un cierto cariño por *Duelo en el paraíso*. La releí hace unos diez años para establecer una edición nueva en este volumen titulado pomposamente de obras completas y allí lo que verifiqué con cierta tristeza es que podía haber sido una novela importante y no lo es porque cuando la escribí no tenía ni la experiencia humana ni la experiencia literaria que tengo ahora. Es decir, si la hubiese escrito diez o doce años más tarde posiblemente hubiese podido ser una gran novela.

Pope — ¿Conserva todavía la importancia de la influencia de la retórica oficial en la vida de lo que era un adolescente?

Goytisolo — Sí y no. No hay que olvidar que si estas obras tienen algún mérito es el de haber sido escritas en una época en que era muy difícil escribir escapando de esa retórica oficial y dar una versión de la guerra civil que no fuera la versión triunfalista. No hay que olvidar que en aquella época sólo se daba una versión única de la guerra civil española. Era la típica mentalidad "far west" de buenos y malos y por cierto que tuve el primer choque casi cómico con la censura; lo tuve con *Duelo en el paraíso* porque el editor envió el manuscrito a la censura, prácticamente no cortaron nada pero suprimieron una serie de palabras, de tacos, como dicen en España, de palabras mal sonantes o juramentos, pero luego descubrí que me habían suprimido esto en boca de los soldados nacionales y me lo dejaban, en cambio, en boca de los soldados republicanos como queriendo decir que los de un lado era gente que hablaba bien y culta, mientras que el otro lado era gente que se expresaba en términos groseros, etc. Al ver estas supresiones, entonces suprimí las del otro lado. Esto me pareció completamente ridículo.

Pope — Esta obsesión que hay con los lados y que vemos especialmente en *Fiestas* es algo que ha estado constantemente presente en tu obra, que luego lo has ido transformando pero que ya estaba desde un comienzo como preocupación.

Goytisolo — Esto se manifiesta tanto en *Duelo en el paraíso* y en *Juegos de manos* como, por ejemplo, en *Fiestas*. *Fiestas* es una novela que yo creo que podía haber sido una novela importante, donde este sentimiento de marginación que yo sentía se trasluce allí de una forma bastante clara.

Pope — La salida del mundo familiar al mundo, como se ve en *Fiestas,* de la marginación, también produjo un sentimiento de clase; un descubrimiento por tu parte de que pertenecías a una clase privilegiada y una especie de verse a un espejo que no revelaba siempre la totalidad.

Goytisolo — Sí, esto lo descubrí algo tarde, sobre todo cuando me sentí más libre; es decir, al terminar el bachillerato y entrar a la universidad sentí una gran atracción por los marginales. Recuerdo que me interesaba mucho ir a los barrios, al puerto de Barcelona, a los barrios pobres que había entonces, a la Barceloneta del barrio chino, etc. El contacto con este mundo siempre me interesó; un mundo que se situaba en las antípodas del mundo católico, tradicional, burgués que yo conocía. Tuve, desde fecha muy temprana, gran interés y fascinación por este mundo.

Pope — En *Señas de identidad* tienes un personaje, Sergio, que es alguien que siente también este atractivo por el mundo marginal y sin embargo acaba siendo un hombre de negocios que se destruye a sí mismo en un coche deportivo. ¿Hay en esto como una pregunta a ti mismo acerca de la seriedad de esta apertura hacia la marginación?

Goytisolo — Para mí era interesante contraponer los dos personajes, el personaje, digamos, que tiene una rebeldía juvenil meteórica y que luego se inserta en el sistema, al otro personaje cuya vida es este proceso de ruptura y desposesión, como dicen, de romper con las señas de identidad de su país, su religión, su clase social, su identidad sexual, etc. Este era el proceso que siguió el protagonista de *Señas de identidad.*

Pope — También en tus novelas hay una especie

de voluntad de buscarse un obstáculo para regresar al mundo tradicional. Incluso desde el comienzo, por ejemplo en *Juegos de manos,* el crimen que precipita al otro lado del límite. Luego has hablado de la voluntad de contraer una enfermedad que produzca el horror de la parejita reproductora. ¿Hay en esto una cierta desconfianza de que acaso en ti se pueda producir en algún momento una especie de impulso atávico que te llevaría a querer regresar a ese mundo tranquilo de la burguesía?

Goytisolo — Sería como un deseo de provocación profundo. Hay un episodio que creo se repite en algunos textos míos —me lo han hecho notar lectores o gente que ha trabajado sobre ellos—, la identificación con el mendigo atroz que repele a la gente normal. Y en efecto ha habido, en cierta manera, un proceso de identificación hacia este mendigo, a este ser repelente que va apareciendo en distintas obras y que digamos es el protagonista de *Makbara.* Esto explica por qué yo creo que uno de los placeres mayores que puede tener el escritor — esto Genet lo ha mostrado muy bien — es la reivindicación de lo tenido normalmente por abominable. Precisamente el tener que defender una causa perdida hace que tu literatura sea mucho más brillante, porque la pones al servicio de una causa perdida. Esto para mí ha sido siempre muy importante, emplear el lenguaje más bello para reivindicar lo tenido por más abominable y bajo.

Pope — Esta investigación de un espacio geográfico y lingüístico ha cambiado un poco en *Makbara,* en la que estás explorando lo que es el mercado, las opresiones del capitalismo, las opresiones del partido. ¿Significa esto dejar atrás un tipo de escritura?

Goytisolo — En realidad el origen de *Makbara* es muy curioso. Mi propósito al empezar a escribir lo que luego ha sido el texto de *Makbara* era escribir un ensayo que se debería titular *Lectura del espacio de Xemaá-el-Fná, leyendo al Arcipreste de Hita.* Yo estaba en Marrakech leyendo esta obra que tanto admiro, el *Libro del buen amor,* y descubrí que el lugar ideal para leer el libro era el zoco, esa plaza extraordinaria de Marrakech donde realmente vivían en un mundo muy parecido al mundo juglaresco que tan bien conocía el Arcipreste; y entonces comencé a tomar una serie de notas para esta lectura del Arcipreste de Hita en Xemaá-el-Fná y poco a poco tomaron una forma autónoma y al terminar la redacción de las notas escribí estas historias, este librillo o libro del buen amor de esta pareja poco típica, de este paria del negro emigrado sin orejas y de este ángel excluido de un paraíso burocrático. Pero el origen, como digo, fue en torno a la lectura del *Libro del buen amor.*

Pope — ¿Te planteó nuevos problemas de lenguaje o de escritura esto de tratar de hacer una literatura que fuera más oral, es decir, que fuera una inscripción de la oralidad en un texto escrito?

Goytisolo — Desde luego; es decir, la lectura ideal y la lectura óptima de *Makbara* es una lectura en voz alta y yo no digo que los lectores la lean desde la primera página hasta la última en voz alta, pero sí me parece importante que lean algunos pasajes hasta encontrar el ritmo, porque para mí es tanto una cuestión de prosodia como de sintaxis. Es decir, hay que olvidarse, en cierto modo, de la distribución de la frase normal y aprender a distribuirla conforme a un oído literario y, claro, hay que partir de la base de que se tiene el oído literario como se tiene el oído musical. La diferencia entre este texto, esta novela y los otros es que aquí el cuentista europeo es el que habla dentro de la plaza. Aquí lo fundamental es la oralidad. Es un texto que ha sido escrito para ser leído en voz alta. No se trata de alguien que escribe como el escritor de *Juan sin tierra* o como el amanuense que aparece en *Paisajes después de la batalla,* se trata de un señor que cuenta historias instalado en el centro de la plaza. Esta es la diferencia fundamental de este texto con los demás.

Pope — ¿Representa esto que ahora estás hablando para un público que poco a poco ha sido seducido por tu escritura que era siempre una escritura de ruptura, de conservación de una cierta vanguardia importantísima?

Goytisolo — Yo diría que no, porque responde al principio estético, al eje vector de este libro; está fundado sobre el texto recitado y la prueba es que cuando terminé la novela hice una serie de lecturas de pasajes muy diferentes en universidades españolas. Para mí era interesantísimo demostrar que la lectura ideal sería pues la lectura en voz alta y de hecho comprobé que la gente que me oía leer luego aprendía a leer el texto con mucha mayor facilidad.

Pope — ¿Tú has sentido la obligación de ir creando un espacio para los lectores, porque has recibido una serie de críticas bastante negativas cada vez que una novela ha aparecido?

Goytisolo — Este es un viejo fenómeno, porque desde *Señas de identidad*, cada vez que he publicado una novela, la crítica — me refiero a los reseñadores de periódicos y no a la crítica más seria que, por lo general, no se precipita y espera algún tiempo para formular una opinión—, los reseñadores que se precipitan a opinar han opinado en forma negativa de cada uno de mis libros. Cuando publiqué *Señas de identidad,* pues recibí una serie de críticas negativas; pero los mismos críticos que habían formulado estas críticas negativas cuando leyeron la *Reivindicación* dijeron que no les gustaba nada la *Reivindicación,* en cambio *Señas de identidad* les había parecido una novela estupenda. Y lo mismo ocurrió cuando publiqué *Juan sin tierra* donde todo el mundo lamentaba esta obra soberbia y maravillosa que era la *Reivindicación del conde don Julián* comparada con esta obra confusa y sin estructura que era *Juan sin tierra,* etc. Y este proceso se ha repetido siempre. Yo creo que es muy lógico porque hay obras, podemos decir, que encuentran un público hecho cuando aparecen y otras que, creo que fue André Gide que decía, crean poco a poco su público. Pienso que pertenezco, desde luego, a esta categoría.

Pope — ¿Qué precauciones podrías dar a un público para la lectura de tu última novela, *Paisaje después de la batalla*? ¿Qué secretos podemos aprovechar para la lectura?

Goytisolo — Es una obra aparentemente más sencilla que las anteriores, concretamente más sencilla que *Makbara.* La complejidad del texto no se debe al lenguaje, es un lenguaje menos poético, más directo, más asequible al hombre de la calle, donde se respeta la puntuación normal, pero la complejidad viene de otro nivel, del proceso de la estructura del texto. El protagonista es un señor que vive en mi barrio, vive en mi casa, vive en mi habitación, que podría ser yo, pero no soy yo. Y describe pues mi habitación, mi casa, mi barrio donde yo vivo desde hace bastantes años, un barrio, para llamarlo de alguna manera, meteco, plural y racial, donde los franceses son casi una minoría; es un barrio habitado por antillanos, negros africanos, árabes, turcos, pakistaneses, bangdaleses, españoles, portugueses, etc. Es un barrio muy interesante en este aspecto y este personaje al mismo tiempo que elabora una teoría del espacio de la ciudad, el espacio complementario en cierto modo de esta lectura del espacio de una ciudad, de una Medina marroquí como Marrakech tiene al mismo tiempo una serie de preocupaciones de índole política, tiene unos contactos con unos grupos terroristas de nacionalidad no identificada a lo largo de la obra, tiene unas preocupaciones ecológicas, prevé una catástrofe: que el mundo será destruido por este progreso, esta modernidad incontrolada que afecta a todas las sociedades en la actualidad y, al mismo tiempo, tiene una serie de fantasías sexuales muy próximas al mundo de Lewis Carroll, concretamente de las niñas fotografiadas por Lewis Carroll en *Alicia en el país de las maravillas*. Y este narrador, este amanuense colecciona por un lado y escribe cartas eróticas u obscenas a estas niñas, a estas modelos del reverendo; les da citas, al mismo tiempo establece citas por cartas con estas organizaciones terroristas y envía sus fantasías científicas al periódico *El País*. Y yo debo decir que mientras escribía la novela me divertí mucho porque yo mismo enviaba estas fantasías científicas a *El País* y algunas de las cartas que aparecen aquí, de las cartas obscenas las envié traducidas al francés al periódico izquierdista de París, *Liberación,* que tiene un correo erótico de los sábados y algunas de estas cartas fueron publicadas antes de ser incluidas en el texto.

Pope — ¿Y con tu firma?

Goytisolo — No, sin firma. Son, naturalmente, anónimas. Su contenido obsceno impedía firmarlas en esta sección del correo erótico de *Liberación*.

Pope — Tú has dicho una cosa un poco lamentable — al decir lamentable exagero — de la caída de ciertas represiones sociales en que se hace mucho más difícil romper tabúes, porque ya un desnudo que es permitido no tiene nada de excitante o de chocante. ¿Esta exploración de una seducción de muchachas pequeñas es como una última frontera de estos tabúes que puede causar todavía una cierta reacción?

Goytisolo — Me interesaba presentar un personaje contradictorio, es decir, un personaje cuyos sentimientos, el afecto que tiene hacia su esposa va por una dirección, sus fantasías sexuales por otra, sus preocupaciones políticas por otra, su ideología por otra, etc. Y era mostrar las contradicciones de este personaje, pero no hacerlo desde un punto de vista dramático como lo hubiesen hecho, por ejemplo, un Unamuno o un Camus, sino desde un punto de vista cómico. Es decir, he intentado hacer un libro cómico; yo me he divertido muchísimo escribiéndolo y espero que los lectores participen de este sentimiento de humor que yo creo es fundamental en el libro.

Pope — Hay una fascinación por la violencia literaria de Sartre, de Céline y hay una violencia real de gente que muere en el país vasco. ¿Se puede hacer una distinción entre la violencia literaria, la violencia en el cinematógrafo, la violencia real?

Goytisolo — Yo no creo que se pueda establecer una ecuación entre la violencia real y la violencia literaria. De hecho, para mí, la violencia literaria es un procedimiento, una forma de responder a esta violencia real pero que no tiene una relación directa con ella; porque a veces los pasajes para mí más violentos no son precisamente los más violentos físicamente, donde ocurren muertes, etc. Hay una violencia estética que es independiente de la violencia física, pero yo reivindico la violencia como una categoría estética en el plano de la creación literaria.

Pope — En tu obra la sexualidad aparece como con dos caras; por una parte, la rutina, lo que lleva por su repetición al ejercicio gimnástico de la parejita reproductora en la ventana de Macy's o Bloomingdale's; y por otra parte, una sexualidad liberadora que se identifica muchas veces con una sexualidad que es, por ejemplo, la homosexualidad o que es el incesto y que tiene entonces algo de ruptura de tabúes. ¿Cómo se articula esto en otras dimensiones de la obra?

Goytisolo — Bueno, este tema es fundamental concretamente en *Juan sin tierra*. En *Juan sin tierra* el narrador llega a la conclusión de que en la misma forma que el texto liberado de los cánones literarios es el texto, la escritura que busca; busca un paralelo también con el sexo liberado de su utilidad, de su función procreadora estableciéndolo como categoría de puro goce. Y establece una similitud entre este goce estético de la escritura y este goce sexual en cuanto no están sometidos a una norma, no están sometidos a un proceso reproductivo, un proceso útil y por tanto recuperable por la sociedad.

Pope — En cierto sentido esta masturbación de la escritura tiene su fecundidad. Obviamente nos tiene conversando aquí a nosotros y a gente estudiando tu obra y a gente, quizás, percibiendo ciertos aspectos del mundo y de su propia persona en una forma diferente. Hay una cierta utilidad de la literatura también.

Goytisolo — Bueno, utilidad ... la palabra me molesta mucho. Hay palabras que me molestan mucho como el mensaje, el contenido, la utilidad. Yo creo, como decía antes, que el escritor cumple una función conquistando estos territorios literarios nuevos o explorando zonas de la literatura que no han sido tratadas y en este aspecto ¿esto es útil o no? El hecho es que añade un elemento más, una rama más, una flor más al árbol nacional de la cultura por mucho que se sienta desvinculado de la cultura. Mucha gente me ha dicho: tu obra es antiespañola. Cómo va a ser antiespañola si finalmente estoy añadiendo, con mayor o menor acierto, una serie de ramas nuevas a este viejo árbol de la literatura española. O sea que la literatura es más fuerte que mi propósito de crítica de ella.

PUIG

Manuel Puig
(Argentina, 1932)

Desde la aparición de su primera novela La traición de Rita Hayworth *(1968), llamó la atención de la crítica por su manera de presentar el material narrativo, produciendo un dislocamiento a nivel de estructura y de lenguaje. Tanto en su ópera prima como en* Boquitas pintadas *(1969) y* The Buenos Aires Affair *(1973), los subproductos de la cultura de masas sirven como instrumentos para el análisis de diversos sectores de la clase media argentina. Cine, novelones, radioteatro, fotonovelas y canciones populares mueven la vida de los personajes que transitan estas páginas —de donde surgen la necesidad de mito y la evasión de una realidad poco satisfactoria. En* El beso de la mujer araña *(1976) y* Pubis angelical *(1979), el mundo de la pantalla emerge como elemento que comunica a seres opuestos y, a la vez, genera identificaciones, sueños y fantasías—vehículos de temas más importantes que los conflictos políticos también incluidos en estas novelas. En* Maldición eterna a quien lea estas páginas *(1980), Puig lleva al extremo algo que venía proponiéndose desde el comienzo: articular un discurso totalmente exento de otra voz que no sea la de los protagonistas. Propuesta que continúa en* Sangre de amor correspondido *(1982) mediante la historia de un joven humilde del Brasil campesino, narrada en base a mentiras que lo acercan y, asimismo, lo alejan del modelo deseado. En los últimos años, Puig se ha dedicado además a la creación de piezas para teatro;* Bajo un manto de estrellas *(1982) es su primera obra estrenada en Río de Janeiro, donde reside actualmente.*

Manuel Puig
Del "kitsch" a Lacan

*A mí siempre me había resultado muy misterioso el
poder de la mirada argentina. Viviendo en el exterior
había notado que otros pueblos tenían una mirada
más liviana. La mirada argentina pasé a notarla como
particularmente crítica. Es una mirada que analiza,
que juzga y es una mirada que supongo tiene que
ver con la mirada de mi padre ante todo, que era
una mirada tremenda en el sentido que exigía, exigía
mucho y yo no tenía la sensación de que iba a
poderla satisfacer nunca.*

Manuel Puig
"Del 'kitsch' a Lacan"

Reina Roffé — *La traición de Rita Hayworth*
muestra el mundo de la mediocridad, de la chatura en
un pueblo de la provincia de Buenos Aires. Los personajes se evaden de la realidad a través del cine que es,
en tu novela, un instrumento de análisis muy importante. ¿Qué significa vivir a través del cine— búsqueda
de valores, necesidad del mito, regresión?

Manuel Puig — Para mí era sobrevivir porque no
pude aceptar la realidad que me tocó, la de la Pampa
seca. Mi pueblo estaba en el centro de la República,
lejos de todo, muy lejos de Buenos Aires. Eran doce
horas de tren; lejos de las montañas, lejos del mar. Era
la ausencia total de paisaje aquella Pampa seca que es

una planicie donde no crece nada, un pasto que es bueno para el ganado y ni siquiera es verde. La gente que nace y muere allí sin haber salido, realmente no conoce nada de la naturaleza, porque allí el mar, ver agua corriendo, es cosa de libros o de cine y eso se reflejaba también en el habla cotidiana, había palabras que no se podían decir, por ejemplo: mar, o lago o colina, montaña; ciudad era una palabra peligrosa porque no se refería a nada de nuestra realidad inmediata. Eran palabras de las poesías, entonces si decías en una conversación "eso parece un lago" era un intento de hacer poesía, sonaba a ridículo, no nos pertenecían esas palabras del idioma.

Roffé — Me dijiste, en otra conversación que tuvimos, que tanto vos como tu personaje, el personaje de *La traición de Rita Hayworth,* se merecían vivir otra vida, una vida parecida a la de las comedias de Ginger Rogers y Fred Astaire.

Puig — Yo no pude aceptar ese lugar, aparte de ser geográficamente poco acogedor, era el reino total del machismo. Lo que daba allí prestigio era tener autoridad, tener poder y no otro tipo de valores que sí eran considerados en el cine. Yo entendía mucho mejor el mundo moral de las películas donde la bondad, la paciencia y el sacrificio eran premiados. En la vida real nada de eso sucedía. Mamá me llevaba al cine por la tarde para entretenerme, para entretenerse y yo, en cierto momento, decidí que la realidad era la de la pantalla y que lo que me había tocado vivir en ese pueblo era una mala película provisoria que se iba a acabar y que lo real era aquello que sucedía una hora y media por día en la pantalla del cine.

Roffé — En la novela los medios para escapar de la realidad son: la pantalla, los libros populares y el sexo a imagen y semejanza de lo proyectado, es decir, del modelo Hollywood. Los personajes se agarran con uñas y dientes de estos paliativos y vos te apoyás en los subproductos de la cultura de masas para reflejar un estado de cosas, ese mundo entre comillas de *La traición*. El resultado es enajenante.

Puig — No todos los personajes de la novela son rebeldes o tan desajustados. El principal personaje que es el que refleja mi visión de las cosas—la refleja porque la novela es totalmente autobiográfica, es la historia de mi infancia—es un chico que no acepta la realidad que se le impone porque es, ante todo, represora. Su rebelión inconsciente y desarticulada lo lleva a lo que decías muy bien: alienación. No se propone cambiar esa realidad sino simplemente evadirse. Qué remedio me quedaba a mí, a esa edad, que la simple evasión.

Roffé — En tus libros hay como una anulación del autor omnisciente, es decir, todo es diálogo, monólogo, carta; no aparece la autoridad del autor. ¿A qué se debe esto, a una adversión personal por el rol de la autoridad?

Puig — Supongo que sí. En la primera novela todo está resuelto por medio de monólogos interiores o por documentos escritos por los personajes mismos. No hay una sola línea de tercera persona. Supongo que al principio, cuando empecé a escribir, tenía una gran adversión a esta tercera persona, porque tenía problemas con el castellano, no sabía realmente qué me correspondía a mí: si expresarme en un lenguaje castizo o buscar realmente una voz argentina. No sabía por dónde ir, entonces se me ocurrió prestar oído a la voz de los personajes, permitir que ellos mismos se presentaran.

Roffé — Vamos a pasar a otro de tus libros, que apareció en 1969-70, *Boquitas pintadas*. Yo recuerdo una canción que se llama "Rubias de New York" y que cantaba Carlos Gardel. ¿Vos tomaste el título de ahí?

Puig — Claro, sale de ahí, de la letra de Alfredo Le Pera que era el compositor, el letrista principal de Gardel; Gardel escribía la música y él las letras.

Roffé — En *Boquitas pintadas* hay una serie de mujeres que andan detrás del Don Juan del pueblo. ¿Cómo es ese Don Juan, qué características tiene?

Puig — La novela tiene que ver con recuerdos reales de aquella época. Yo en esta primera novela, *La traición de Rita Hayworth,* me había ocupado más que nada de los personajes que tenían mucho que ver con mi infancia, es decir aquellos que habían estado muy cerca, que habían tenido tiempo que perder conmigo, pues yo de chico trataba siempre de pescar algún incauto para contarle una película. Como la película duraba nada más que una hora y media y el resto del día tenía que ser transformado también en cine, uno de mis recursos era contarle una película a alguien. Y la gente que había tenido tiempo para escucharme a mí era en realidad muy especial, era gente que tenía tiempo y, por lo tanto, no mucho éxito en la vida. Como en esta primera novela entraban muchos de los que yo tenía datos personales, esa primera novela se volvió una galería de desajustados sociales, de fracasados, casi diría, bueno, no es la palabra "fracasados", al contrario, yo tengo simpatía por aquella gente que de algún modo rechazó lo que se le proponía como modelo de vida, aquel machismo, aquella aceptación de la autoridad. Entonces ¿qué pasó? que se me quedaron en el tintero, después de esta primera novela, una cantidad de personajes del pueblo importantes, aquellos que sí habían aceptado las reglas del juego y que eran triunfadores: los médicos, la Miss Primavera, etc. y ellos entraron en esta segunda novela *Boquitas pintadas.*

Roffé — El Don Juan muere de tuberculosis. Hay siempre muchos enfermos en tus novelas.

134

Puig — En los 40 se vivía bajo el terror de la tuberculosis, porque era una enfermedad sin remedio antes de la aparición de la penicilina; y los resfríos eran aterrorizantes, porque un resfrío mal curado...

Roffé — Esas corrientes de aire, dice algún personaje por ahí...

Puig — Sí. En aquella época se proponía la superioridad masculina, bueno, se la imponía y esto daba lugar a que la mujer que nacía oyendo decir que algún día se iba a casar con un ser superior, mientras lo esperaba lo imaginaba. Todas esas mujeres, todos esos personajes femeninos de *Boquitas pintadas,* encuentran en un muchacho muy bonito del pueblo la tela en blanco perfecta para proyectar todas sus fantasías. Como él tiene una cara perfecta, las invita a adjudicarle un alma perfecta y ellas, que han escuchado toda su vida que el hombre es superior a la mujer, que tienen que aceptar las órdenes de ese señor con el que se van a casar, lo eligen.

Roffé — Mientras en *La traición* te valías de las películas de Hollywood, en *Boquitas* tu instrumento de análisis tiene que ver más con la cultura popular argentina, con el tango, el radioteatro, la fotonovela. ¿Esto coincide con algún cambio producido en la realidad socio-política argentina?

Puig — No, creo que son distintos los personajes, como dije, son personajes que aceptan más el sistema, el sistema de explotación de la mujer sobre todo. Entonces, en aquella alternativa cinematográfica no creen demasiado, no tienen necesidad de proyectarse en algo tan remoto. El espacio de la fantasía está más ocupado por otras expresiones menos peligrosas, como son las canciones, las novelas radiales. Esto puede sonar muy curioso, pero ciertas películas, *Women pictures,* de Hollywood como aquellos melodramas de Betty Davis y Barbara Stanwyck, que proponían una protagonista femenina fuerte, resultaban subversivas en aquel contexto, porque allí todo giraba alrededor de una mujer y en el pueblo nada giraba alrededor de las mujeres, las mujeres no tenían poder.

Roffé — En 1973 aparece *The Buenos Aires Affair*. Por la misma época, el gobierno de Héctor J. Cámpora, que había sido elegido por el pueblo, da paso a Juan Domingo Perón. A partir de ese momento tu libro comienza a tener problemas para circular libremente. ¿Cuáles fueron esos problemas concretos de la realidad que están tan lejos de los sueños y más cerca de las pesadillas?

Puig — En *The Buenos Aires Affair* hay referencias a Perón, algunas halagüeñas y otras francamente críticas y eso no fue bien visto cuando el libro salió, porque la izquierda argentina había apoyado casi masivamente el regreso de Perón con el que yo estaba de acuerdo si esa relación tenía un elemento crítico presente. En cambio se habló de verticalidad, una palabra vergonzosa. Verticalidad era aceptar una orden de arriba sin discusión. Se decía esa palabra con *straight face* y realmente fue vergonzoso. Creo que ese fue el comienzo de toda esta tragedia argentina, aquella relación equivocada de la izquierda con el peronismo. Creo que era una relación posible pero si se planteaba en términos críticos, no en términos de adulación. El primer gobierno peronista que duró un mes o algo así fue el de Cámpora y proponía una actitud de diálogo y en esos días salió la novela y no hubo el menor problema, pero cayó Cámpora y se propuso la fórmula Perón-Perón, allí empezaron los problemas. Yo estaba en Buenos Aires y vi que las notas que iban a salir, las entrevistas que se habían preparado para apoyo del lanzamiento del libro se cancelaron, todo se cancelaba. Creo que fue un comienzo de autocensura dentro de las redacciones de las revistas y en los canales de televisión y no me gustó nada esta cuestión. Tenía que salir en septiembre del 73 de Buenos Aires para revisar la traducción italiana de la novela y pensé en quedarme un tiempo afuera hasta que las cosas se tranquilizasen pero fueron empeorando. En enero el libro fue secuestrado y prohibido, ya con Perón en el gobierno elegido y un tiempo después, después de la muerte de Perón, ya se formaron los grupos parapoliciales, surgió la triple A, que era *Alianza Argentina Anticomunista* y empezaron a llamar a gente por teléfono diciéndoles que tenían que dejar el país. No era necesariamente a comunistas, cualquier gente que pensase les resultaba incómoda.

Roffé — El solo hecho de pensar es peligroso.

Puig — Sí. Llamaron a mi casa dándome ese plazo, pero yo ya hacía un año que estaba afuera y esto fue, no recuerdo exactamente, pero supongo que a fines del 74, principios del 75 con Isabel Perón en el gobierno. Es notable, el gobierno de Isabel cayó y yo pensé qué va a pasar con esta prohibición del libro, se suponía que el libro estaba prohibido por antiperonista, llegó la Junta que era totalmente antiperonista y renovó la prohibición del libro.

Roffé — Y la censura aumentó.

Puig — Y todo se agravó.

Roffé — Así que esas primeras manifestaciones fueron pequeñas comparadas con lo que vino después.

Puig — En efecto.

Roffé — Y seguiste teniendo problemas en la Argentina.

Puig — Bueno, *El beso de la mujer araña,* que es el libro siguiente, nunca apareció allá. No hubo cuestiones de censura explícita, en el sentido de que no hubo nunca, creo, un organismo de censura, sino que de manera más efectiva todavía, los libros—una vez publicados o importados al país—eran secuestrados causando pérdidas económicas enormes a las editoras. Entonces se creaba así y se crea una autocensura en las editoriales que es la peor forma de censura.

Roffé — ¿Esos son los motivos por los cuales te fuiste de la Argentina?

Puig — Sí, al principio fue un disgusto con cierto estado de cosas, pero después ya todo se agravó muchísimo. Ahora estamos en vísperas de un cambio, pero como estaban las cosas en la Argentina yo no creo que hubiera podido trabajar con tranquilidad. Creo que un cierto miedo físico me hubiese paralizado y me hubiese creado una forma de censura, de autocensura muy peligrosa.

Roffé — En 1979 salió tu novela *Pubis angelical*. Otra vez el kitsch artístico. Ana que es una mujer que está enferma, internada en un hospital de México, sueña con una actriz, Hedy Lamarr y también con el matrimonio de ella con uno de los hombres más ricos de Europa. Aquí aparece la mujer objeto, las máscaras y los disfraces de la mujer; ésta primero cae presa del marido; después, de un amante espía; más tarde, del vendedor de sueños que es un empresario de Hollywood, pero su recompensa será llegar a leer el pensamiento de sus interlocutores cuando cumpla 30 años. Hay una cantidad de elementos en juego: la política, el sexo, la falsedad, lo real, elementos de la parapsicología, etc. ¿Cómo hiciste para jugar con todo esto y armar una novela tan compacta como es *Pubis angelical*?

Puig — Fue la que más trabajo me dio junto con *The Buenos Aires Affair*. Debo confesar que me dieron muchísimo trabajo. Sobre todo *Pubis angelical* porque está contada por medio de dos vías paralelas, se está siempre dentro de la cabeza de un personaje, una muchacha que está enferma, pero yo traté de dividir las

138

cosas y de hacer que lo consciente de la vida de ella, aquello que habla, lo que logra controlar de sus actos, colocarlo muy separado de lo que supongo son los contenidos inconscientes del personaje. Entonces son como dos novelas avanzando al mismo tiempo, que van una influyendo sobre la otra. La escritura fue muy difícil porque nunca el párrafo en sí era completo. Es decir, eso que yo estaba escribiendo caía bajo el efecto de esa otra narración paralela y sólo el lector iba a conseguir una fusión de ambas. Técnicamente es la más compleja.

Roffé — En uno de los fragmentos de la novela se juega mucho con la mirada, el ojo y sus implicancias. Esto me recuerda un poco a ciertas teorías psicoanalíticas: Freud, especialmente Lacan. ¿Todas tus novelas o alguna de ellas tiene una teoría que la fundamenta?

Puig — Tiene que ver con lecturas mías o con lo que se está comentando en la época. Las ideas de Lacan me impresionaron mucho, me ayudaron a comprender muchas cosas y la popularidad de él proviene de comienzos del 70 y claro se nota en lo que escribo. A mí siempre me había resultado muy misterioso el poder de la mirada argentina. Viviendo en el exterior había notado que otros pueblos tenían una mirada más liviana. La mirada argentina pasé a notarla como particularmente crítica. Es una mirada que analiza, que juzga y es una mirada que supongo tiene que ver con la mirada de mi padre ante todo, que era una mirada tremenda en el sentido que exigía, exigía mucho y yo no tenía la sensación de que iba a poderla satisfacer nunca. Cuando yo me refiero a esta ferocidad de la mirada argentina, tendría que hablar de otras cosas más positivas también. Esta ferocidad viene de una exigencia consigo mismo muy tremenda que hay allá, por lo menos a los chicos en mi generación se los educaba para presidentes de la República. Esto supongo que es un gigantismo propio del inmigrante reciente. Mis abuelos eran gentes del campo, por la parte de mi mamá italianos y eran campesinos que se instalaron en La Plata y pusieron pequeños comercios. Mi abuelo materno tenía una verdulería y era un modo de escalar, de salir de aquella cosa feudal italiana terrible y para los hijos se abría una posibilidad tan enorme que ahí la imaginación se desbandaba, cualquier cosa era posible. Aquí en Estados Unidos sucedía lo mismo. Más que la felicidad del hijo se soñaba con el ascenso del hijo en la escala social. Más que con una existencia tranquila se soñaba con una aventura desmesurada y eso se paga caro. En mi casa hay conversaciones, mamá tiene ahora 70 y algo de años y fue una mujer, una esposa típica de su época, sumisa hasta cierto punto, creyendo que la autoridad del marido era realmente muy respetable, que él tenía la última palabra; ahora en mamá hay una insatisfacción, siempre dice: "¿cómo yo actué así en vez de tener un diálogo mejor con mi marido?" Pero yo le recuerdo: hemos ido al campo en Italia de donde son los abuelos y allí las mujeres ni siquiera se sientan a la mesa todavía, en el campo, en el norte de Italia que no es el sur, Sicilia. Los hombres son servidos, se sientan a la mesa, las mujeres no, las mujeres comen al lado del fogón un bocado antes o después. Es decir, que lo argentino tiene un pie en aquella cosa muy atrasada y después a la que sigue un momento de ambición sin límites.

Roffé — Justamente me quería referir a eso. En *Pubis angelical* los personajes hablan de las maravillas culturales de Buenos Aires: de la repercusión de la teoría lacaneana durante los 70, del caso Bergman que fue conocido en la Argentina antes que en París, que teníamos los servicios psiquiátricos más evolucionados del mundo, etc. En esta búsqueda de afirmación lo que surge es un gran complejo de inferioridad.

Puig — Sí, los personajes hablan de eso, de los contrastes. Por un lado, un gran adelanto; y por otro lado, dudas en cuanto a cosas muy elementales como la cuestión de aceptar la palabra verticalidad en términos políticos. Es decir que se da la sofisticación de conocer a Lacan antes que en Nueva York, de apreciar a Bergman antes que en París, pero se acepta ser incondicional en política—lo cual me parece propio de un pueblo muy atrasado. En esa contradicción está, creo, el nudo de lo argentino, del dolor argentino de crecer.

Roffé — *Maldición eterna a quien lea estas páginas,* vaya título. ¿De dónde sacás los títulos, Manuel?

Puig — Busco títulos que llamen la atención, por qué no, que tengan que ver con cierta poética del mal gusto que a mí me interesa. Parte de la cosa argentina, cosas que se descartan a título de solemnidad, es tener un gusto por la sobriedad que yo no comparto. Me parece que el adolescente tiene derecho a la estridencia; entonces busco títulos estridentes que tienen que ver con lo que somos.

Roffé — En *Maldición eterna a quien lea estas páginas* presentás otra vez dos personajes: un argentino, un anciano que está enfermo y un norteamericano, su cuidador. Es la primera vez que un personaje central no es argentino. ¿Por qué esta variante?

Puig — Cuando empecé a escribir esta novela ya llevaba varios años fuera del país y yo, como dije, trabajo siempre con personajes que se me han cruzado por el camino y en este caso quien me hizo pensar fue un neoyorquino. Era un vecino mío en el Village donde yo estaba viviendo del 76 al 79 y de algún modo se me ocurrió que yo quería ser él. Era un momento especial de mi vida. Yo había tenido problemas de salud, estaba definiéndose la cuestión argentina como muy mala, como durando para mucho tiempo, en el 76 con el advenimiento de la Junta, entonces yo lo veía todo muy negro. Me cansaba mucho el idioma, el tener que expresarme en inglés, he estudiado inglés muchos años, he vivido aquí en Estados Unidos y en Londres, pero el inglés es diabólico, nunca se lo acaba de aprender, yo no siento que lo domino, es una sensación de impotencia con el idioma, al mismo tiempo admirándolo porque es un idioma fantástico. Qué pasaba, por prescripción médica yo tenía que ir a nadar todos los días a un gimnasio y veía ahí a un vecino mío que era más joven, que tenía una salud infernal y era americano, es decir, dueño del idioma inglés. ¿Cómo hay gente que puede tener todo en la vida? Un día empezamos a hablar y resultó que odiaba ser norteamericano, odiaba el inglés y quería ser escritor. Él quería ser yo. ¿Qué pasaba? Se había hecho él una idea de lo que era un autor muy especial y creo que es bastante generalizada. Se supone que un autor es una autoridad, la palabra ya te lleva por ahí. Yo no coincidí con la imagen que tenía de un escritor traducido y más o menos leído, entonces le produje una incomodidad. Al mismo tiempo, él era para mí una sorpresa porque cómo podía no sentirse bien con la salud que tenía y con todo lo demás. Nuestras conversaciones eran reales batallas y se me ocurrió que eran muy significativas de algo, entonces le propuse tomar nota de ciertas cosas que hablábamos y de ahí salió esta novela.

Roffé — Que tiene un fin dramático como la mayoría de tus novelas ¿por qué buscar lo dramático, no se salva nadie?

Puig — Bueno, en *Pubis angelical* las cosas terminan bastante bien ¿no?

Roffé — Pero en la mayoría de tus novelas...

Puig — No sé, en *El beso de la mujer araña* hay dos personas que por lo menos, en cierto momento, llegan a entenderse. Aquí sí todo termina en una separación, en una disolución. Yo no tenía el final de la novela, porque fue avanzando a medida que avanzaba mi relación con este personaje y sí, por un lado termina en una separación de los dos, pero hay un progreso separadamente en ambos y eso me parece que no hay que dejarlo de ver. Hay una evolución en el personaje del americano. Era —es, vive— un muchacho que tenía serios problemas, no estaba dispuesto a continuar en una acción política, etc. y después de nuestras conversaciones retomó una cantidad de cosas. Yo creo que esa relación fue positiva y algo de eso está en la novela.

Roffé — Tampoco hay héroes, vos te manejás mejor con los antihéroes.

Puig — Sí, sí, porque me identifico con la gente que como yo ha sufrido mucho la imposición de un rol. Es decir, un héroe es aquel que logra romper con todo, que logra cambiar el destino. Yo querría cambiar muchas cosas, pero no puedo. Entonces me identifico con la gente que tiene esa lucha con un sistema que, de algún modo, lo ha determinado para siempre. Es decir, yo no me considero una persona totalmente libre. Me identifico con la gente que como yo ha tenido esa experiencia de que el medio ambiente lo haya definido, encasillado para siempre en algo. Porque ciertas cosas se pueden modificar conscientemente, pero hay otras que pareciera ser que cristalizan en la adolescencia y ya son más difíciles de cambiar, lo que se llama, en general, el carácter.

Roffé — Hablando de adolescencia, esto me remite inmediatamente a tu última novela: *Sangre de amor correspondido* que precisamente es la historia de un adolescente en el Brasil campesino; es la primera vez que aparece un proletario en tus libros, protagonista. Además este muchacho está clavado en el recuerdo de su primera novia, "primer amor nunca se olvida". Lo que me llamó la atención, más que nada de esta novela, es lo que yo llamaría, las trampas de la memoria que se va tendiendo este joven adolescente que no se siente bien en el lugar donde está ni con él mismo. ¿Cómo surgió la historia?

Puig — Cuando llegué a Brasil, donde estoy viviendo desde el 80, pensaba empezar una novela en los años 40 en Buenos Aires, y al tomar el departamento y hacer unos arreglos vino un albañil a trabajar a mi casa. Abrí la puerta y poco tiempo después me di cuenta que ahí tenía un personaje entre manos, porque realmente el caso era notable. Se trataba de alguien de otra edad, de otro idioma, otra condición social, un muchacho que estaba, cuando lo conocí, en los 30 años, fuertísimo, salud para regalar y al mismo tiempo había algo extraño. Él no nombraba las cosas por su nombre verdadero, todo era barroquismo, tenía una necesidad de modificar o por lo menos adornar la realidad notable. Evidentemente se trataba de alguien que no estaba cómodo en la realidad, si no no se tomaría todo ese trabajo. Allí se produjo instantáneamente la identificación, quise saber el por qué. Entonces allí le pedí que después de su trabajo hiciera alguna hora extra sentado al lado de mi grabador; y hablamos. Al principio, más que nada, me interesaba el lenguaje de él, ya te digo que era metafórico y al mismo tiempo encantador; era un lenguaje poético campesino de gran calidad, yo quería registrarlo porque alguna vez pueda ser que tenga que trabajar con este nivel del lenguaje y quiero ver de dónde se desprende ese perfume. Empezó la pesquisa por el idioma pero traído de la mano apareció todo un historial.

Roffé — Hemos ido hablando un poco de cada una de tus novelas; son siete hasta la fecha —siete, número de significado muy especial. ¿Cómo te ves

144

ahora frente a tu obra?

Puig — A partir del momento en que comencé a escribir, que fue casi a los 30 años, se me facilitó mucho el contacto con la gente. Por aquella cuestión de la mirada severa, yo había desarrollado una lentitud de reflejos en la conversación, en el trato cotidiano con los otros; recién cuando fueron apareciendo mis escritos, la gente pudo sintonizarme de otra manera y yo pude establecer mejores amistades. Creo que esto es lo más notorio, lo principal que mi obra me ha dado.

VARGAS LLOSA

Mario Vargas Llosa
(Perú, 1936)

Mientras en Lima la aparición de su novela La ciudad y los perros *(1962) fue objeto de escándalo (los militares del Colegio Leoncio Prado aludidos en la historia hicieron quemar parte de la edición), en Europa despertó gran interés y fue premiada por la crítica; desde entonces su autor ganó notoriedad. En ésta como en sus otras novelas —*La casa verde *(1965),* Conversación en La Catedral *(1969),* Pantaleón y las Visitadoras *(1973),* La tía Julia y el escribidor *(1977),* La guerra del fin del mundo *(1981), y en sus libros de relatos* Los jefes *(1958) y* Los cachorros *(1967)— Vargas Llosa ha creado con mucho de material autobiográfico una verdadera epopeya que apunta a mostrar, mediante diversos procedimientos estructurales y complejos niveles de distintas realidades y tiempos, la violencia del mundo actual.*

De sus investigaciones literarias surgieron los ensayos: Gabriel García Márquez: historia de un deicidio *(1971) y* La orgía perpetua. Flaubert y "Madame Bovary" *(1975). Ultimamente ha escrito también piezas de teatro:* La señorita de Tacna *(1981) y* Kathie y el hipopótamo *(1983) en las que se ponen de manifiesto algunos de los temas en que ha venido trabajando intensamente; dicho con sus propias palabras: "cómo y por qué nacen las historias" y "las relaciones entre la vida y la ficción".*

Aunque considerado como un escritor que responde a la tradición de la literatura realista, ha sabido como pocos urdir en las posibilidades del género hasta dar un nuevo y singular registro narrativo a las letras hispanoamericanas de hoy.

Mario Vargas Llosa
Maestro de las voces

...la pura mentira no es literatura, la pura verdad no es literatura, la literatura es esa curiosa, hermosísima dialéctica a través de la cual la verdad sólo puede ser expresada mediante las mentiras y creo que eso es lo que da soberanía a la ficción, lo que hace que la ficción no sea historia, no sea sociología, no sea periodismo sino algo absolutamente autónomo.

Mario Vargas Llosa
"Maestro de las voces"

José Miguel Oviedo — Mario, me gustaría conversar un rato contigo sobre tu vida literaria, sobre tus intereses novelísticos y comenzar esta charla preguntándote por los orígenes de esa vida literaria. Por ejemplo, me gustaría preguntarte primero: ¿cuáles fueron los estímulos literarios o de personas o de cultura o de contextos culturales, mejor dicho, que despertaron o hicieron arrancar tu interés por la literatura en tu temprana juventud?

Mario Vargas Llosa — Mira, yo creo que fueron las primeras lecturas que tuve; quizás antes de estas lecturas fueron cuentos que escuché a mi madre, a mis abuelos, a mis tíos —pasé mi infancia en una familia que era enorme—, entonces seguramente me contaron cuentos cuando era muy niño que despertaron esto, tal

149

vez la afición por lo imaginario, por la fantasía. Pero lo que yo recuerdo como un hecho central en mi vida son los primeros libros que leí cuando tenía cinco años — aprendí a leer siendo bastante niño. Y las primeras novelas de aventuras, los primeros libros de cuentos es una cosa que a mí me marcó profundamente, es decir, mi vida se enriqueció de una manera extraordinaria. Y recuerdo mucho que las primeras cosas que escribí, cuando era todavía un niño, fueron continuaciones de historias que me entristecían mucho que se terminaran. No sé si Salgari o incluso autores anteriores a Salgari, más elementales; los primeros cuentos, las versiones para niños de *Pinocho,* del *Sastrecillo valiente,* en fin, todas esas lecturas las recuerdo como un hecho central en mi vida y seguramente de ahí nació la primera tentación, la primera curiosidad que se podría llamar literaria.

Oviedo — ¿En el colegio La Salle primero, o Leoncio Prado después tuviste algún estímulo, quizás un estímulo negativo, digamos, que pudo ayudar a definir esa vocación?

Vargas — No recuerdo nada literario asociado con el colegio en Bolivia, por ejemplo, donde estuve hasta los nueve años. En cambio en Piura adonde llegué en el año 45, es decir, cuando tenía 9 años, 10 años, recuerdo que ya escribía pequeños relatos, poemas.

Oviedo — ¿Y escribiste una obra de teatro?

Vargas — Sí, pero eso es posterior. En mi familia yo encontraba un ambiente muy favorable, mis abuelos me estimulaban mucho, mi madre era una gran lectora, me estimulaba mucho ese tipo de aficiones. En cambio, sí recuerdo, que al empezar a vivir con mi padre, cuando mis padres se reconciliaron, sí tuve una oposición muy clara de parte de él por todo lo que fuera vocación literaria, algo que él veía con mucha desconfianza. Entonces eso debe haber contribuido negativamente, pues por el espíritu de contradicción natural a los niños, si no además porque eso me debe haber llevado a afirmar, ¿no es verdad?, algo que todavía era nebuloso, era vago, una afición que en un momento se vio como cuestionada y me obligó a encararla ya con mucha más seriedad. Pero desde que fui a instalarme a Lima en el año 47, 48, yo creo que la literatura ya estuvo siempre muy presente en lo que hacía.

Oviedo — ¿Cuándo se definió esa vocación, en qué momento supiste que esos ensayos, esos ejercicios infantiles o preadolescentes estaban indicando algo más serio? ¿En qué momento tuviste conciencia bastante clara de que tu vida iba a ser la literatura?

Vargas — Bueno, creo que me di cuenta que la literatura era algo muy importante para mí cuando yo estaba en tercero, cuarto año de medio, cuando tenía unos 14 años, porque ya en esa época la lectura era una cosa fundamental y además dedicaba mucho tiempo a escribir, cosas que rompía, cosas que no hacía leer a nadie, pero realmente escribía cuentos, poemas. En Leoncio Prado yo recuerdo haber escrito muchas historias un poco como el personaje Alberto de *La ciudad y los perros* para mis amigos, haber escrito cartas a las enamoradas de mis compañeros a cambio de cigarros.

Oviedo — ¿Eras un escribidor?

Vargas — Un escribidor precoz. Y en quinto de media que lo hice en Piura, creo que la literatura ocupaba más tiempo que mis estudios porque trabajaba en un periódico, escribía en *La industria* de Piura; había escrito una obra de teatro que yo mismo la dirigía, la ensayaba y funcionaba como si mi vida fuera hacer la literatura. No me lo planteaba conscientemente porque pensaba que eso era imposible, dedicar

151

la vida a la literatura me parecía una ilusión, pero en la práctica realmente mi vida estaba totalmente orientada hacia esa actividad. Eso me llevó a estudiar Letras que era lo que respondía a mi vocación junto con Derecho que lo estudié con la idea de tener un trabajo alimenticio.

Oviedo — Vamos a pasar ahora a una pregunta más directamente literaria, que tiene que ver con tu trabajo de escritor, con tu trabajo de novelista. Los críticos han observado con frecuencia que tus personajes están vistos a través de sus actos básicamente, incluso su vida interior está observada desde el resultado o la conflictividad que sus actos producen. Y eso me lleva a preguntarte lo siguiente: ¿tú cuando concibes a tus personajes o a los principales de ellos —porque tienes personajes de muy distinta calidad, de muy distinta contextura— los trabajas desde fuera o desde dentro? El lector tiene la impresión de que hay una especie de conductismo en algunos de tus personajes principales, pero de pronto el trabajo psicológico es mucho más intenso en el aspecto interno de la concepción novelística del personaje. ¿Qué tienes que decirnos de eso?

Vargas — Mira, no podría darte una respuesta general, válida para todos los personajes porque creo que cambia mucho de personaje a personaje, de novela a novela. Hay algunos personajes que han sido para mí, sobre todo al principio, una exterioridad.

Oviedo — ¿Por ejemplo?

Vargas — Por ejemplo Don Anselmo en *La casa verde.* Yo tenía una idea, una imagen, mejor dicho, que era la imagen del forastero que llega un día a una ciudad; es un personaje enigmático para los vecinos que sólo conocen esa exterioridad; es un hombre que parece tener un pasado de aventura; es un hombre de gran energía; es un hombre que trastorna completamente la ciudad con sus actividades, sus actitudes y eso era lo que me resultaba estimulante, esa reacción frente a este personaje en cierta forma impermeable, hermética para la ciudad. Ese personaje, pues, está escrito sobre todo como una exterioridad en *La casa verde*. Su intimidad prácticamente no aparece hasta el final de la historia en que uno recuerda retroactivamente que esos tres monólogos, los monólogos sobre Toñita en cierta forma significan una inmersión en el mundo interior de Anselmo. Pero en otros casos un personaje ha sido sobre todo una interioridad. Por ejemplo, no sé, en la misma novela quizás Fushia es un personaje totalmente interiorizado, lo que tú ves es una conciencia que está en movimiento, que está funcionando y sus comportamientos exteriores casi no están descritos, casi no aparecen, de hecho es un personaje que está inmovilizado en un bote. De tal manera no creo que haya una regla válida para todos mis personajes, lo que sí creo que es cierto es que en la mayor parte de las historias que yo cuento el mundo exterior aparece más que el mundo interior; los comportamientos, las conductas son los que ocupan el primer plano de la narración y que a través de esos comportamientos es que van trasluciéndose las psicologías, las motivaciones, las raíces de los actos. Pero lo que es importante para mí es no eliminar ninguna de las dos faces de la experiencia humana. Es decir, el mundo exterior es tan importante como el mundo interior y conocer las motivaciones es fundamental para entender muchas veces los actos.

Oviedo — En tu obra narrativa que ya es muy larga, en tu obra creativa porque ya incluye obras de teatro, hay un solo libro de cuentos que es el primer libro que publicaste, *Los jefes* del año 59, y en el año 67 apareció un relato o cuento largo llamado "Los Cachorros", el resto son novelas, dominan las novelas, hay un par de obras teatrales. ¿Nunca te has propuesto desde *Los jefes* volver a escribir cuentos, te consideras poco apto para escribir ese tipo de género, no te interesa o eres un novelista nato que es incapaz de producir una narración breve, concisa?

Vargas — Siempre me he propuesto escribir cuentos, tengo más proyectos de los que puedo realizar y entre esos proyectos pues hay proyectos de cuentos. En algunos casos proyectos de cuentos en la práctica se fueron convirtiendo en novelas. En el caso de *La tía Julia y el escribidor* había yo pensado en un principio la historia del escribidor como un relato, como un pequeño relato.

Oviedo — Es un buen ejemplo porque allí hay cuentos dentro de la novela.

Vargas — Exactamente. En *La tía Julia y el escribidor,* justamente te iba a citar ese ejemplo, allí la historia está contada en gran parte en base a historias que son cada una un cuento inconcluso y la historia del propio Varguitas es una historia que está llena de cuentos que él quiere escribir o que no escribe o cuentos que ha escrito y que allá aparecen simplemente sintetizados como bosquejos de argumentos. Ahora, en esa novela yo he aprovechado muchos proyectos de cuentos míos que no he llegado a escribir y creo que esa novela tiene realmente una estructura hecha a base de relatos y de cuentos. También es verdad que en mi caso hay una predisposición, una inclinación hacia la narración larga, es incluso lo que me fascina más de la novela: el hecho de que una historia novelesca una vez que uno la ha lanzado, ya tiene una cierta vitalidad, en fin, ya empieza a generar unas fuerzas internas, uno siente que lo va empujando hacia una totalidad que es inalcanzable, pero que está en la naturaleza, en la esencia misma de una historia; es decir, todos los ramales de la historia, si uno los sigue, lo llevaría a construir algo realmente infinito, algo realmente sin límite. Y eso es una de las cosas que a mí me fascina más de una novela. Pienso que en todas las historias hay siempre esa virtualidad, esa potencialidad de poder prolongarlas infinitamente si uno sigue todas sus direcciones. Creo que en mi caso hay esa característica de escritor numeroso como decía un gran poeta español, un poeta catalán, Gabriel Ferraté, que hablaba de ciertos escritores numerosos. Yo creo que pertenezco a esa clase de escritores.

Oviedo — Posiblemente en literatura no hay pregunta más espinosa e incómoda que la del realismo literario, pero en tu caso no hay más remedio que preguntártela una vez más, porque tú has aceptado, tú has sido identificado durante mucho tiempo por la crítica y los lectores como un escritor básicamente realista, te has definido como uno de ellos. Sin embargo, uno también puede notar que en la parte más próxima de tu obra, más madura de tu obra, tu concepto bastante confiado y pleno del realismo ha entrado como en crisis. En algunos prólogos o dentro de algunas novelas, por ejemplo, en la que acabas de citar, *La tía Julia,* pero no sólamente en esa, y especialmente en tus obras teatrales y en los prólogos de tus obras teatrales *La señorita de Tacna* y *Kathie y el hipopótamo* este concepto del realismo empieza a preocuparte de una manera, a presentarte a ti una serie de preguntas y de inquietudes que antes no aparecían. ¿Estoy en lo correcto al pensar esto?

Vargas — Absolutamente. Creo que es totalmente exacto. Mira, creo que se puede hablar de una vocación o de una disposición realista en lo que yo escribo indiscutiblemente, por lo menos para diferenciarla de la vocación fantástica o imaginaria característica de cierta rama de la literatura latinoamericana. Evidentemente que la literatura que yo hago está esencialmente diferenciada de la de un Borges, de la de un Cortázar, buena parte de la obra de García Márquez. Ahora, también es cierto que esa vocación realista es una vocación que se manifiesta en los temas que yo describo, en los personajes que muestran mis novelas, pero de ninguna manera en la estructura de mis ficciones, es decir, que la estructura no responde en absoluto a una experiencia de la realidad de los lectores porque no es lineal, no hay una cronología lineal, hay una modificación continua del espacio y del tiempo, un tratamiento del espacio y del tiempo que no es realista en absoluto. Y creo que también es cierto eso que tú has dicho que en los últimos libros hay como un cuestionamiento de las posibilidades del realismo en literatura. Creo que es verdad, hay un elemento de fantasía, de imaginación o más precisamente una tergiversación de lo real que ahora estoy convencido de que es congénita a la ficción, es decir, de que no hay manera de escribir una ficción que sea una reproducción de la realidad, un testimonio objetivo sobre la realidad. Creo que siempre lo presentí eso, pero lo llegué a ver con absoluta claridad en *La tía Julia y el escribidor* cuando intenté para darle, digamos, un lastre realista a una historia que se estaba disparando hacia lo imaginario que era la historia de Pedro Camacho, contar un episodio autobiográfico con absoluta objetividad—o sea todos los episodios de Varguitas. Yo quería referirlos con absoluta objetividad, es decir, contar la verdad y en la práctica me di cuenta que eso era absolutamente imposible, que esa verdad vivida para ser literatura tiene que convertirse primero en lenguaje, tú tienes que elegir determinadas palabras y por lo tanto desechar otras para objetivar y cristalizar esa experiencia, lo que ya la tergiversa, lo que ya la revoluciona, lo que ya la modifica. Y en segundo lugar esa experiencia objetiva va incrustada dentro de un contexto imaginario, ficticio que también opera sobre ella trastornándola, modificándola. Creo que fue esa experiencia la que definitivamente me llevó a la convicción que creer en las posibilidades de un realismo, como una mera descripción de la realidad en literatura, es una ilusión, tal cosa no existe, que la literatura es siempre una contradicción de lo real más que una exposición o relación de lo real en la que en distintos grados la realidad aparece modificada, transformada. Creo que la literatura es esencialmente mentirosa, es decir, que lo que presenta como realidad es fundamentalmente una ficción, es decir, una mentira a través de la cual, por supuesto, cuando es una ficción lograda se trasluce y se transparenta una verdad profunda, pero que no es jamás la verdad explícita ni de un tema, ni de unos personajes, ni de una psicología y mucho menos de una historia.

Oviedo — Alfonso Reyes decía que una buena definición de literatura es el título de una obra de Juan Ruiz de Alarcón: *La verdad sospechosa*.

Vargas — Me parece muy interesante, creo que es exacto. Yo he usado —ya que he citado las obras de teatro— unas fórmulas que tienen mucha semejanza con esa que son las mentiras verdaderas o las verdades mentirosas. Creo que eso es lo que realmente muestra una ficción; creo que la pura mentira no es literatura, la pura verdad no es literatura, la literatura es esa curiosa, hermosísima dialéctica a través de la cual la verdad sólo puede ser expresada mediante las mentiras y creo que eso es lo que da soberanía a la ficción, lo que hace que la ficción no sea historia, no sea sociología, no sea periodismo sino algo absolutamente autónomo.

Oviedo — Eso es algo que te aparta, por un lado, tanto del naturalismo seco y lineal como de lo puramente fantástico y real.

Vargas — Mira, creo que es muy exacto. Como

escritor yo estoy en una posición muy equidistante de ambos extremos. No como lector, como lector puedo gozar enormemente de un texto puramente imaginario, pero jamás intentaría escribir nada parecido y creo que puedo gozar menos con un texto puramente naturalista, creo que tengo ciertas prevenciones contra esa forma extrema de realidad más todavía que contra la pura irrealidad.

Oviedo — Otra cosa que se ha observado en tus novelas mayores desde *La ciudad y los perros,* mucho en *La casa verde,* extremadamente en *Conversación en La Catedral* y también en cierta medida en *La guerra del fin del mundo* es que hay una nota grave, a veces muy marcada de pesimismo en tu visión del mundo. ¿Qué tendrías que comentar al respecto de esto, aceptarías esto?

Vargas — Creo que eso lo ve mejor un lector o un crítico que yo mismo. Yo no creo ser un pesimista, creo que en la vida funciono más bien como un hombre optimista, es decir, hay cosas que a mí me parecen sumamente deprimentes y desmoralizantes en el mundo en que vivimos, en la época que nos ha tocado, pero al mismo tiempo creo que las cosas que enriquecen una existencia, le dan estímulo a la vida son más importantes que las otras. Entonces no creo ser un pesimista. Ahora es verdad que los temas que he tratado tienden más a mostrar el lado negativo, el aspecto negativo de la vida. Creo que tiene que ver un poco con la naturaleza misma de la literatura, es decir, creo que no son las experiencias positivas las que resultan más estimulantes para un escritor sino más bien las traumáticas, aquellas que están en el entredicho que tiene todo escritor con algún aspecto de la realidad. Creo que ningún escritor fantasiaría, imaginaría un mundo de ficción si no tuviese un entredicho real con el mundo en el que vive; si se sintiera totalmente conforme, en consonancia, en acuerdo con el mundo para qué crear otros mundos. Entonces creo que son las experiencias negativas las que irrigan mejor su trabajo, pero eso me parece que lo juzga mejor un lector objetivo de mi obra que yo mismo, para ella ese texto es siempre un contexto, pues no tengo suficiente perspectiva para juzgar, hacer ese tipo de análisis.

Oviedo — En varias obras, especialmente a partir de *Conversación en La Catedral,* tus novelas han empezado a tratar un tema o han tratado directamente un tema político. No sé si es posible calificar a esas novelas como novelas políticas, pero evidentemente esa dimensión de la realidad o de la actividad humana es muy importante. La pregunta es ésta: ¿esa presencia del tema político ha hecho que esas novelas sean para ti marcadamente más difíciles que las otras?

Vargas — Mira, la verdad es que todas las novelas son difíciles, todo trabajo literario para mí resulta muy difícil. Con excepción de un libro que es *Pantaleón y las visitadoras* que escribí con facilidad, en el sentido de que no fue angustioso, no tuve las dudas, la inseguridad que tengo siempre que escribo un libro —en *Pantaleón* me ocurrió una cosa curiosa, escribí ese libro con mucha fluidez, con mucha rapidez y además divirtiéndome yo mismo de lo que escribía, algo que no me ha pasado nunca—bueno, con esa excepción, todos los libros, las novelas largas, los cuentos cortos, las obras de teatro, siempre han significado un enorme trabajo, una enorme dificultad. Creo que el tema político tiene unas dificultades particulares porque es tema sobre el que ya hay prevenciones muy fuertes; tú sientes que esas actitudes que tú vas a describir van a encontrar como un campo minado en los lectores, entonces hay que ser sumamente cuidadoso, sumamente prudente en la técnica, en el lenguaje que utilizas tú para que pase lo que realmente tú

159

quieres que pase en la historia. Al mismo tiempo es un tema que me doy cuenta que me resulta muy necesario, muy importante, está en mis novelas continuamente apareciendo de una manera explícita o indirecta pero está siempre ahí, incluso en la novela que estoy escribiendo ahora, pues creo que es una novela que también se puede llamar de tema político en cierta forma. Ahora nunca he querido usar mis novelas como un mero vehículo para expresar ideas políticas, posiciones políticas, ni mucho menos; pero sí creo que el hecho político, la experiencia política genera, produce una serie de situaciones, de personajes, de psicologías, de anécdotas que para mí son sumamente tentadoras y estimulantes desde el punto de vista creativo. Hay también una problemática política que en el caso de mi país, de América Latina tiene tal urgencia, tal dramatismo, tal gravedad que es imposible prescindir de ella, por lo menos para mí es imposible apartarla de mis preocupaciones y de mis ambiciones de escritor; entonces es normal que estén constantemente entrecruzándose estos planos.

Oviedo — Otra cosa que uno puede observar más o menos fácilmente es que en tu obra—al principio de un modo muy secreto y sutil pero poco a poco cada vez más audaz y claramente—tu has ido configurando un personaje que es una especie de prototipo. Aunque tus novelas están dominadas siempre por la acción, por la actividad, hay un fondo en el que vive un personaje, en el que opera un personaje que no se defiende por la acción sino por la escritura. Hay varios escritores con comillas o sin ellas, hay varios escribidores, periodistas, en fin, gente cuya función tiene que ver con la pluma; no era muy notorio en un comienzo, debo decir, pero en la última parte, en la última porción de tus novelas, esto ha ocupado un primer plano evidente. El caso más claro es el de *La tía Julia y el escri-*

bidor, pero está en tus otros trabajos y en tus obras de teatro recientes. Ahora, la pregunta va dirigida a esto: la figura del escritor y de escribidor tienden a confundirse o casi a homologarse y siempre tienden a hacer figuras paródicas o caricaturescas, tú nunca presentas—espero no equivocarme—una imagen de escritor realizado o un escritor visto de una manera dramática, sino más bien farsesca ¿por qué?

Vargas — Creo que en algunos de los personajes de escritor que tengo sí es exacto; es farsesco el Santiago de *Kathie y el hipopótamo,* es farsesco quizás Pedro Camacho en *La tía Julia y el escribidor,* pero no creo que sea farsesco el personaje del periodista miope en *La guerra del fin del mundo.*

Oviedo — Pero físicamente lo es, es un pequeño monstruo, ciego, miope, pequeñito...

Vargas — Sí, es un hombre con limitaciones físicas muy grandes, pero intelectualmente no se puede decir que el periodista miope sea un personaje farsesco ni mucho menos, al contrario, es un intelectual quizás mediocre pero que fue adquiriendo una probidad, una honestidad...

Oviedo — Quizás la palabra mediocre es clave, hay mediocridad, por ejemplo, en el Zavalita de *Conversación.*

Vargas — Pero también es un escritor serio, puede ser frustrado, pero no es un escritor paródico, farsesco. Hago esta pequeña atingencia no por una cuestión maniática de precisión, sino porque creo que lo que probablemente esté detrás de eso no es el hecho de que el trabajo de la ficción, el tratar de utilizar la realidad como un material para lo imaginario o el querer incrustar lo imaginario en la realidad, genere siempre personajes grotescos o paródicos, sino que quizás lo que quiere demostrar eso es hasta qué punto es difícil, para no decir imposible, esa mera descripción de la realidad a través de la palabra, cómo eso encuentra siempre una dificultad que muchas veces se traduce o en situaciones grotescas, en textos grotescos o en personajes estrafalarios y grotescos. Al mismo tiempo creo que la razón por la que ese tema aparece, como dices tú, tan constantemente es porque, claro, yo escribo siempre a partir de experiencias personales. Es decir, en mi caso el material de partida para una novela, para un cuento, para una obra de teatro es siempre alguna experiencia o suma de experiencias vividas de una manera personal y, claro, dentro de esas experiencias la escritura es una experiencia central de mi vida. Es decir, es una experiencia cada vez más importante, que ocupa más tiempo, que condiciona todas las otras actividades y entonces no es extraño que eso me haya dado una serie, casi un género de personajes y de problemas. Desde un punto de vista teórico la idea de escribir novelas sobre el tema de la ficción no me estimula nada, pero curiosamente a pesar de esa desconfianza a tratar temas abstractos o tan limitados al propio oficio, aparecen siempre de una manera metafórica, indirecta en esos personajes intelectuales de mis libros.

Oviedo — Otra cosa que también se puede observar es una tendencia tuya muy constante y que parece un poco enigmática para los lectores: algunos personajes son personajes transeúntes porque pasan de una novela a otra. Para poner un caso concreto, por ejemplo, Santiago Zavala, el personaje central, uno de los personajes centrales de *Conversación* me ha producido gran sorpresa reencontrarlo en tu última obra teatral *Kathie y el hipopótamo*. Ahora bien, la pregunta es ésta: ¿estamos frente al mismo personaje, estamos ante el personaje que ha madurado y evolucionado o se ha corrompido o es una coincidencia onomástica?

162

Vargas — No, no es una coincidencia onomástica, está utilizado de una manera perfectamente consciente. Bueno, creo que hay dos cosas ahí para comentar respecto a tu pregunta. La primera es la que podríamos llamar la tentación balzaciana. Creo que todo escritor debe haber sentido en algún momento esa tentación de integrar dentro de una sola ficción esas ficciones dispersas que componen su obra. Creo que eso tiene que ver con esa vocación totalizadora o totalizante, precisamente de la ficción, la ficción tiende a crecer, a desarrollarse, a ensancharse en todas direcciones como una especie de esfera que crecería, crecería hasta identificarse enteramente con el planeta, con el universo, porque creo que hay en esa esencia de la ficción una vocación hacia la expansión. Entonces creo que en todo autor de ficciones esa tentación que Balzac maravillosamente concretó en *La comedia humana* borrando las fronteras entre sus novelas, está presente, está en Faulkner, está en tantos escritores que han intentado eso. Bueno, yo siento esa tentación; indudablemente me doy cuenta que muchos de mis personajes los recuerdo con nostalgia y con una frustración por no haberlos continuado, por no haberlos prolongado. Entonces en eso hay síntomas, en esas apariciones que son a veces muy efímeras. Por otra parte, en el caso de *Kathie y el hipopótamo* yo necesitaba un personaje que de pronto descubrí tenía las características de Santiago Zavala, que era lo que bien podía ser Santiago Zavala diez o quince años después de la historia ésa, un hombre que además había elegido la frustración; él la elige por razones éticas y psicológicas en *Conversación en La Catedral,* elige frustrarse porque cree que en el país en que vive la única manera de no convertirse en un canalla es frustrándose, autodestruyéndose y entonces en su trabajo él debe ser un intelectual mediocre, un periodista medio-

cre, es lo que yo necesitaba exactamente para el amanuense literario de *Kathie*. Además me hacía ilusión
rescatar un poco esta figura y describirla, mostrarla
quince, veinte años después y echarle un vistazo a lo
que había sido su pasado desde esa nueva perspectiva.
Tengo, incluso, proyectos con otros personajes que
han sido personajes secundarios y que están siempre en
mi memoria como pequeños estímulos, el Sargento
Lituma, por ejemplo, es un personaje que aparece en la
novela que estoy escribiendo ahora, es un personaje
siempre borroso en las ficciones anteriores y que
siempre tenía la idea de integrarlo en una historia que
de alguna manera rescatara todos esos hilos sueltos de
las otras novelas.

Oviedo — Ahora quería hacerte una pregunta que
permita tener una idea de cuáles son tus métodos para
escribir. ¿Cómo empiezas, partes de una imagen, de
una historia, de una situación o tu punto de partida es
un personaje; hay una serie de pasos que ya has aprendido a dar para llegar a un nivel de desarrollo seguro,
cambias mucho con cada novela, cada novela es un
caso muy específico?

Vargas — No, no; creo que mi método de trabajo
más o menos es el que descubrí desde mi primera
novela. Nunca empiezo a escribir hasta tener una idea
más o menos clara de las trayectorias narrativas.
Tengo que saber cómo comienza la historia y cómo
termina o por lo menos cuál va a ser la trayectoria de
un personaje, del personaje central, tener por lo menos
esa estructura básica de una trayectoria narrativa.
Generalmente el punto de partida es una experiencia
personal, alguna cosa que he visto, alguna persona que
he conocido, algo que me sugiere como una situación
narrativa; y luego, antes de empezar a escribir le doy
vueltas mucho tiempo, comienzo a fantasear en torno a
ese recuerdo y así va surgiendo poco a poco un núcleo

básico de la historia. Luego, hago siempre un esquema antes de empezar a redactar, un esquema general, anecdótico, que necesito tener desarrollado, más o menos en fichas antes de empezar a redactar.

Oviedo — Que son como las grandes líneas del desarrollo del escritor.

Vargas — Exactamente, las grandes coordenadas de la historia. Nunca respeto, por supuesto, eso. Cuando escribo, todo eso a veces se convierte en cosas completamente diferentes. Pero, en fin, necesito tener esa estructura mínima para empezar a redactar y luego hago siempre un primer borrador que es muy largo, muy caótico, muy desordenado, sin ninguna preocupación de estilo, de técnica, tratando de desarrollar las posibilidades de ese argumento; repitiendo episodios, duplicando personajes, sin preocuparme sino de desarrollar las posibilidades de esa historia. Es lo que más tiempo me toma y es lo que más trabajo me da siempre. Ahí trabajo con mucha inseguridad, no tengo la convicción de que la historia va a ser posible hasta que no he terminado ese borrador, esa especie de magma inicial. Ahora, cuando tengo terminado eso ya el trabajo es para mí completamente distinto, ya tengo una mayor seguridad, ya sé que la historia está allí de una manera nebulosa pero que está allí, que se trata simplemente de descubrirla cortando, corrigiendo, editando el propio material. Y esa segunda versión, que muchas veces es una tercera versión, es la parte del trabajo más grata, más estimulante, es la parte en que trabajo no sólo con más confianza sino con mucho más entusiasmo. Y esa segunda o tercera versión, pues ya son unas versiones en las que para mí el trabajo consiste sobre todo en descubrir nuevos procedimientos que hagan más persuasiva, más convincente, más verosímil la historia que quiero contar. Más o menos en todo lo que he escrito he seguido este método.

Oviedo — Tus novelas se caracterizan casi todas ellas por técnicas de montaje que tienen no un origen pero sí una semejanza con el montaje cinematográfico. ¿Cómo procedes para hacerlo? Por ejemplo, si tomamos un caso, en *La casa verde* donde hay cinco grandes historias paralelas, ¿tú las vas desarrollando simultáneamente cada una de ellas o vas entrecruzando sus desarrollos al momento de escribir el primer borrador?

Vargas — Mira, depende cada vez. De ese magma inicial, de ese borrador caótico, pues va desprendiéndose la historia. A veces descubro que hay dos episodios que están separados en ese borrador y que si se funden en uno solo se pueden enriquecer mutuamente. A veces hay episodios que son demasiado explícitos y que pueden provocar en el lector una desconfianza, una incredulidad, entonces es importante que esos episodios se oscurezcan, que esos episodios tengan un tono más indirecto. Muchas veces la manera de conseguirlos es simplemente mediante un proceso de vasos comunicantes, fundiendo dos o tres episodios que tienen alguna similitud, algún denominador común en un solo episodio de tal manera que eso los atenúe, los amortigüe muchas veces, otras veces les dé como una dimensión misteriosa, secreta que es necesario para que resulten más persuasivos y convincentes. Depende, es un trabajo de montaje, pero que no es un trabajo exclusivamente racional, es decir, hay elementos puramente intuitivos, de azar, a veces, que intervienen. Y también una fuerte presencia de lo subconsciente que está como orientando, como empujando insensiblemente la historia en distintas direcciones.

Oviedo — Según tu descripción, diría que el comienzo de tu trabajo novelístico cuando tienes un proyecto en marcha es un poco penoso, luego viene una parte en la que te diviertes mucho escribiendo porque ya tienes definido ese primer original borroso e informe. Y mi nueva pregunta está un poco dirigida a un tercer momento de ese proceso que es inevitable en un escritor: tú tienes que corregir y releerte ¿es eso agradable y sobre todo cuando lo haces a la distancia?

Vargas — Mira, releer la obra escrita es algo que procuro evitar porque eso es siempre penoso. Releer un libro publicado pues es enfrentarse ya a lo inevitable y yo creo que si pudiera seguiría corrigiendo siempre. Entonces procuro no releer lo publicado. A veces tengo que hacerlo con motivo de las traducciones, estoy obligado a responder a preguntas de traductores, eso me obliga a leer otra vez lo que he escrito y es una experiencia que realmente no me gusta nada. Pero hasta el momento en que mando el manuscrito definitivo a la imprenta, las pruebas—porque incluso sobre pruebas hago correcciones—esa parte final es siempre muy grata, muy estimulante; una vez que ya existe el material básico trabajo con mucha ilusión, con mucha convicción. Ahora, una vez que está publicado el libro procuro trabajar en otra cosa, absorberme completamente en otro mundo, en otra historia, porque siempre queda una especie de vacío, de nostalgia grande de lo que uno ha estado haciendo a veces años y con lo que cortó toda relación. Una vez que el libro se publica ya empieza a vivir su vida independiente.

Oviedo — Mi idea es que a escribir sólo se puede aprender escribiendo y que cada experiencia te facilita el camino. Cada vez que escribes un libro el siguiente te es más fácil; pero al mismo tiempo, me parece haberte oído decir, que el hecho de haber acumulado obras previas antes, te crea problemas y que no siempre es fácil escribir sobre la base de una obra ya hecha con cierta notoriedad, con cierta presión del público sobre lo que esperan de ti en tu trabajo futuro. ¿Cómo ves tú este asunto?

Vargas — Mira, yo no creo que facilite escribir el tener una obra detrás, por el contrario, yo creo que la dificulta. Creo que a diferencia de lo que ocurre con otras técnicas, es decir, el ejercicio de la literatura no te da una mayor seguridad frente a tu propio oficio. Al contrario, yo diría que tengo frente a cada libro nuevo ahora más inseguridad, más exigencias que cuando comencé a escribir. No sé si porque uno se fija topes más altos, porque hay una cierta coacción por el hecho de que exista un público que ya conoce tu obra. También creo que interviene el hecho de que uno cada vez intenta una aventura nueva, es decir, la literatura es fascinante, maravillosa en la medida en que es un riesgo, en la medida que es explorar algo desconocido, entonces es algo que yo tengo muy consciente: no repetirme, no escribir la misma novela con distintos títulos cada vez, sino realmente explorar posibilidades nuevas y entonces eso, precisamente porque tienes toda una obra detrás, aumenta la inseguridad. Pero al mismo tiempo es lo refrescante de cada nuevo libro; tienes la sensación de que estás desnudo, de que estás empezando exactamente como cuando eras un adolescente y entonces esa experiencia, con todas las dificultades y los dolores de cabeza que trae, es rejuvenecedora siempre.

Oviedo — Tu primer libro, lo mencionábamos al principio de esta entrevista, es un libro de cuentos *Los jefes* que recoge cuentos escritos en tu primera juventud, casi en tu adolescencia, pero antes de eso hay un antecedente, hay un precedente que es una obra teatral que nunca publicaste que se llamaba *La huída* o *La huída del inca* y que estrenaste en Piura, en tus años colegiales de Piura. Ese es el más remoto antecedente o prueba de tu interés por el teatro, pero durante muchas décadas no intentaste volver a experimentar con el género teatro; sin embargo en los últimos años lo has hecho dos veces y parece que es una experiencia tentadora para ti y se me ocurre que a lo mejor estás planeando una más. ¿Cómo surgió este nuevo interés por el teatro en ti?

Vargas — Mira, creo que siempre me gustó el teatro, creo que antes de haber visto teatro, incluso cuando era muy niño ya la idea del teatro me resultaba muy atractiva, muy fascinante como lo muestra esta obrita de adolescencia, casi de infancia que es *La huída del inca* y mientras escribía novelas siempre tenía como en un segundo plano proyectos de teatro. Ahora lo que realmente me empujó a escribir *La señorita de Tacna,* que es la primera de estas dos obras que has mencionado, fue el hecho de que el tema venía para mí tan asociado a una imagen gráfica, visual. Era un personaje de mi infancia, una tía abuela a la que yo recordaba siempre sentada en un sillón ya centenaria y viviendo en un mundo imaginario. Había regresado a su infancia como ocurre con tantos ancianos y entonces había cortado con la realidad circundante y hablaba de sus padres, de sus abuelos, hablaba de Tacna en la época de la ocupación chilena, un momento muy particular de la historia peruana y muy importante para cualquier peruano y entonces este personaje que vivía en lo imaginario para mí era un gran estímulo de creación. Ahora ese personaje, a diferencia de otros, yo lo veía, lo sentía de una manera tan visual, tan gráfica, quizás eso me llevó al convencimiento de que esa historia que yo quería contar en torno a este personaje podía ser mucho mejor aprovechada por un escenario, por un género teatral que por una novela. El hecho es que lo intenté; fue también una experiencia muy interesante porque fue completamente nueva, es una técnica completamente distinta de la novela. Y ver la obra en escena es para cualquier novelista algo muy conmove-

169

dor, porque las historias de un novelista siempre son muy nebulosas, muy difusas, uno no llega realmente a verlas con la objetividad con que uno las ve encarnarse a través de una obra de teatro. Creo que eso fue lo que me resultó muy seductor. De todas maneras yo no creo que haya una cesura, una diferencia esencial entre el teatro y la novela por lo menos en lo que yo hago. A mí me interesa el teatro en la medida en que es una forma de ficción, exactamente como en mis novelas; y también a través del teatro lo que me interesa es contar o inventar historias exactamente igual como en mis libros narrativos.

Oviedo — Tengo la impresión de que quizás por el tono, quizás inducido por el tono farsesco, libremente imaginativo, fantasioso que tienen tus obras teatrales son de redacción más fácil que tus novelas ¿puedes decir eso?

Vargas — No, no lo diría. Bueno, claro que son más breves, son mucho más condensadas que las novelas, pero me cuestan muchísimo trabajo, precisamente por mi inexperiencia del género teatral; entonces descubrir los mecanismos del género teatral —esas cosas no se estudian, se descubren sobre la marcha, como dijiste tú hace un momento—me costó muchísimo esfuerzo. Lo que ocurre es que en el caso de mi última obra sí fue muy refrescante en un sentido: yo salía de una novela muy larga *La guerra del fin del mundo* en la que había trabajado cuatro años, entonces escribir esta obra que me iba a tomar mucho menos tiempo, que está escrita en un tono de humor, en un tono de farsa, un tono muy distinto al de la novela, sí fue una experiencia refrescante y novedosa, pero el género mismo me resulta muy difícil. Creo que es un género muy estricto, quizá en cuanto a rigor más cerca de la poesía que de la novela.

Oviedo — Te quiero hacer una pregunta quizá

delicada y complicada, pero al mismo tiempo inevitable que es la relación entre el escritor o el intelectual y la política. Tú siempre has mantenido una posición muy clara al respecto, has dicho repetidas veces que un escritor cuando escribe opera más por sus obsesiones o con sus obsesiones que con sus ideas en el sentido de ideología, aunque ésta no está ausente, por cierto, de la obra; pero por otra parte fuera de la obra literaria el escritor debe tener según tu opinión algún tipo—no de actividad partidaria pero sí participación en la vida política de su país. Esto crea evidentemente ciertos conflictos, ¿cómo los puedes vertir?

Vargas — Yo creo que un escritor, sobre todo un escritor de ficciones, un escritor creativo trabaja con todas sus personalidades, es decir trabaja con su personalidad consciente y también con su personalidad inconsciente, trabaja con sus ideas y también con sus intuiciones, sus obsesiones, con sus instintos, es decir creo que la creación es la expresión de la totalidad humana y creo que en la creación literaria el factor irracional y espontáneo desempeña un papel fundamental, en muchos casos primordial. Creo también que un escritor puede prescindir de la política para hacer una obra literaria muy valiosa incluso, es decir que no es una exigencia en su propio trabajo, ni mucho menos, que la preocupación política esté allí. Ahora me parece que para un escritor latinoamericano, escritores de países semejantes a lo latinoamericano, con los problemas que tienen: políticos, sociales, económicos, culturales, con el momento que vive hoy día el mundo, realmente prescindir de la política, bajar la cortina y desinteresarse es una insensatez desde un punto de vista práctico, diríamos; y una inmoralidad, desde el punto de vista ético. Yo creo que un escritor tiene la obligación en un país como el mío o países como los nuestros de participar de alguna manera en el debate político, por lo menos contribuyendo al esclarecimiento de los problemas y en la discusión de las posibles soluciones. Hay que partir de la base que un escritor en un país como los nuestros es un privilegiado, es un hombre que sabe escribir, que sabe leer en países donde grandes sectores de la población no saben ni una cosa ni la otra, que tiene tribunas y puede hacerse oír; entonces eso creo que justamente añade a su responsabilidad. Lo que sí me parece es que cada escritor debe decidir la manera de esta contribución cívica de acuerdo a su propio temperamento, a sus propias convicciones o militando en un partido o haciéndolo como lo hago yo de una manera totalmente independiente, pero lo que me parece absolutamente inaceptable es, por supuesto, la abstención.

SANCHEZ

Luis Rafael Sánchez
(Puerto Rico, 1936)

Se inicia como autor de teatro con Los ángeles se han fatigado *(1960) a la que siguen entre otras piezas:* La hiel nuestra de cada día *(1962),* La pasión según Antígona Pérez *(1968). Si el volumen de cuentos* En cuerpo de camisa *(1966) revela sus aptitudes de narrador y permite vislumbrar la irrupción de una nueva voz en la literatura puertorriqueña, con* La guaracha del Macho Camacho *(1976) —novela que le confirió reconocimiento internacional— logra articular un discurso no sólo explosivo por la alternativa que presenta frente a la literatura oficial, sino por su fuerza de resonancias, pluralidad de significados y juegos que ofrece. Se vale intencionadamente de un lenguaje publicitario, a veces de giros poéticos populares que redundan en una galería de clichés para dar, a través de esta parodia del hombre enajenado, la radiografía de una sociedad cuyas presiones nos remiten a la situación de muchos pueblos de América Hispana. El concepto de que la vida es fenomenal, reiterado de manera alucinante en la letra de la guaracha que sirve de título al libro, refleja irónicamente los estadios contradictorios del coloniaje. El propósito más interesante de Sánchez, que se concreta en esta novela, es hacer coincidir un nivel lingüístico de ruptura con una posición ideológica también de corte y divergencia respecto a la dominante.*

Luis Rafael Sánchez
De la guaracha al beat

Hay incluso quien dice que en Puerto Rico los escritores escriben demasiado bien y cuando se dice demasiado bien se quiere decir que demasiado pegados a la norma, a la academia, a la corrección. Y eso que parece defecto es otra de las expresiones de la situación política puertorriqueña que se refleja en esa literatura.

Luis Rafael Sánchez
"De la guaracha al beat"

Gregory Rabassa — ¿Cuando comenzaste a escribir tenías idea de ser dramaturgo, poeta, novelista o todo a la vez?

Luis Rafael Sánchez — Sí, todo menos poeta en el sentido rígido, porque la verdad es que yo no podría escribir poesía; no podría por el profundo respeto que le tengo. Yo creía que iba a ser dramaturgo esencialmente; había estudiado teatro en la universidad y mis primeros trabajos literarios son dramatúrgicos. De hecho, mi primera visita a Estados Unidos, a la Universidad de Columbia, fue a estudiar dramaturgia con una beca especial que me dio la Universidad de Puerto Rico. Fue entonces que me ocurrió algo excepcional: mi primer encuentro con el inglés como idioma fue en *Chock Full o'Nuts*. Estaba aterrado porque tenía que

175

hablar en inglés. Decía ¿qué pido? y veo de pronto jugo de china. Lo traduzco y digo en el inglés más hermoso que podía producir: "May I have a glass of Chinese juice, please?" Entonces la señora se me queda mirando muy malhumoradamente y me dice: "What?" Y yo le digo: "Chinese juice", le señalo y ella me dice: "That is orange juice". Yo desde entonces le tomé un terror a hablar inglés que todavía me persigue. —"China" es la palabra nuestra para "naranja", la palabra culta que circula por todo el continente. De manera que hice teatro y después hice cuento y he hecho ensayo y he hecho novela, pero poesía no. Nunca me ha gustado la idea de separarme de un género porque creo que cada tema, que cada idea exige, previo a que la decida el escritor, el género. Hay cosas que realmente caben mejor dentro de la palabra pensada para decirse en voz alta, como es el teatro. Incluso hay quien dice que *La guaracha* no es otra cosa que teatro novelado porque está casi pensada para que se oiga, casi como si fuese el producto de un trabajo radial, que se percibe por el oído más que por la vista.

Rabassa — ¿Al escribir una novela, tienes una idea clara al principio de cómo será la obra o — utilizando una imagen de Antonio Machado — el camino se hace al caminar?

Sánchez — Hay inicialmente una línea general que se va transformando, que se va alterando sobre la marcha. Hay un plan de trabajo general. Hay una concepción de los personajes. Ahora yo estoy trabajando en una novela que se titula *Evangelios furiosos,* sobre una dinastía de dictadores negros — el padre, don Salvador Santo Espíritu, y sus cuatro hijos: Marcos, Lucas, Matías y Juan. Ese libro, *Evangelios furiosos,* está dividido en cuatro libros. A partir de esa idea, de esa dictadura, de esa república negra y dictatorial que va del vuelo de Amelia hasta la caída de

Nixon, tengo el cuadro general. He hecho unos delineamientos de cada uno de los personajes, de un alemán que viene a vivir a esa república, llamado Karl Marx por una vieja pasión de su padre. Parto de todos estos datos acumulados y de esas líneas de proyección del diseño de las tramas secundarias pero hay cosas que se modifican sobre la marcha. Personajes a los que yo había dispuesto un brevísimo espacio en la novela se lo ganan como por derecho propio. Así yo creo que ocurre en la novela, siempre hay un trabajo de diseño general a menos que se trate de una novela histórica que luego se modifica sobre la marcha, sobre el proceso mismo de hacerlo. Creo que es parte de la fascinación de escribir que haya cosas previstas y cosas absolutamente imprevistas. Terminé una novela cortita que he llamado *Mr. Lily nos invita a su congoja* sobre un transformista en el Viejo San Juan; y un libro que va a publicar Seix Barral en España—que no creo que se pueda traducir porque se trata de un ídolo popular hispano-americano, Daniel Santos, el gran cantante de boleros. El libro es una especie de ensayo de su leyenda, de su machismo, del sexismo hispanoamericano. Creo que va a tener una gran difusión en el continente. Se llama Daniel Santos y el libro se titula *La importancia de llamarse Daniel Santos.* Creo que es un texto tan nuestro que no va a interesar demasiado a otro público. Carlos Fuentes, hablando sobre el libro, porque le entusiasmó la idea, me decía que hay un nuevo interés por los ídolos populares de la canción y que a lo mejor, mediante esa apertura, el libro podría tener interés en otras lenguas; yo la verdad es que tengo dudas, pero lo he hecho con un gran entusiasmo y eso me basta.

    Rabassa — Volviendo al tema de *La guaracha,* ¿existe una verdadera guaracha o es pura invención?

    Sánchez — La guaracha de *La guaracha del*

Macho Camacho, la que aparece al final del texto, es una invención. Por eso es tan chata, porque las guarachas de verdad son mejores. Dicen encanto, tienen gracia, mientras que esta guaracha es a propósito estúpida. No se puede comparar esta guaracha con cualquiera de las guarachas que baila la gente en nuestros tablados y en nuestras fiestas ¿verdad? ¡Bonitas!: "Ofelia la trigueñita, va por la calle y camina así, camina así, camina así"; o "María Cristina me quiere gobernar y le sigo, le sigo la corriente, pues no quiero que diga la gente que María Cristina me quiere gobernar"; o aquella preciosa: "La televisión pronto llegará, yo te cantaré y tu me verás, vísteme bien mujer, vísteme bien que voy a transmitir, ya no hace falta tener buena voz, hay que lucir ropa del figurín, la televisión pronto llegará." Son bonitas ¿verdad?, y en algunos casos tienen categoría de poesía popular, elemental. Pero ésta no; ésta es una guaracha a propósito estúpida para que cuando termine la novela el lector piense que ese texto tan vulgar, tan empobrecido, tan mediano, es capaz de enajenar a todo un sector de una sociedad; así que parte de la crítica en la novela está propuesta en el texto mismo de la guaracha.

Rabassa — Como es una novela para leer en voz alta ¿cuáles son las modulaciones que debería ensayar un lector, para captar las diferentes voces que tienen los personajes de *La guaracha,* porque cada uno tiene una manera distinta, verdad?

Sánchez — Yo creo que sí. Yo creo que en la prosa de la novela están propuestos los matices de cada uno de los personajes. Desde la estridencia tautológica de Benny —una especie de crítica dura a un cierto sector de la sociedad puertorriqueña, que no logra expresarse en ninguno de los dos idiomas que conviven en el país— hasta la lengua falsamente sofisticada de Graciela Alcántara. Yo creo que en cada una de las lecturas hay una especie de voz subterránea propuesta.

Rabassa — Creo que se puede decir que la novela es un estudio del contacto y del no contacto entre las distintas clases sociales de Puerto Rico; francamente es difícil simpatizar totalmente con los personajes—menos El Nene, tal vez. Si es así, en efecto ¿podemos considerar este punto como una crítica social totalizante, a través de la cual se pide cambios de base?

Sánchez — Hay otro personaje que me parece a mí que inicialmente uno puede apreciar o crear algún tipo de relación simpática y es Doña Chon, porque es verdad que ella de alguna manera encarna un saber popular honesto y sobre todo que vive desde unos respetos a los demás que me parecen siempre muy estimables a mí como persona. Me gusta en el caso de Doña Chon que ella es capaz de diferir del estilo de vida de la China Hereje, pero cuando la necesita, cuando necesita su ayuda, cuando necesita su solidaridad es incapaz de negársela. Entonces me parece que es un triunfo de una manera de ser, que uno tiene derecho a discrepar de cualquier conducta, pero siempre respetando en esa otra conducta lo humano que la produce. De los demás personajes se podría decir, como tú muy bien has dicho, que sufren de una censura totalizante por parte del autor.

Rabassa — Me interesa El Nene, cómo ha cerrado el círculo al final con su convergencia con Benny — hasta hay una rima. ¿Hay algún simbolismo en este encuentro fatal entre el cretino físico y el cretino moral?

Sánchez — La verdad es que lo fascinante de los críticos es que le permiten al autor una segunda lectura de su texto. Tiene ese excepcional mérito la crítica, la de ayudar incluso al propio autor a leer su obra. Yo no había pensado eso que tú propones: el encuentro, la fusión en la muerte del cretino físico y el cretino mental; dicho así pues tanto como tanto yo no lo había pensado y me parece formidable como explicación. Yo lo que sí quería era que el único acto que Benny completara como personaje fuera el de dar muerte a este ser que ni siquiera puede responderle. Es decir, la incapacidad de Benny es tal que ni siquiera tiene el control de lo que más él quiere que es el carro que ha convertido en el fetiche supremo de su vida y con este fetiche da muerte. Es el único acto completo que él realiza hasta ese momento de su vida. Todos los demás actos que ha intentado se han venido abajo — el amoroso, el intelectual, el de convertirse en una persona. Ninguno de esos los ha logrado y en cambio el primer acto redondo, completo, lleno de fuerza que hace es el de dar muerte y dar muerte a un subnormal, ni siquiera es la muerte que se podría dar a una normalidad que oprime, que irrita. Es decir, ni siquiera es un acto homicida cargado de significación. Yo lo que quería era que terminara el personaje absolutamente desinflado, desinflado en lo que ha sido la pobreza de su vida.

Rabassa — Vamos a hablar de la crítica. ¿Hay grandes diferencias entre la crítica puertorriqueña y la del resto de Hispanoamérica y la del resto del mundo — de Europa y EE.UU. — en su interpretación del libro?

Sánchez — Yo he visto con mucho interés que la crítica también está hecha desde la altura histórica, desde las distintas preferencias a propósito de lo que la literatura es, que se vive en cada uno de nuestros países. Y he reparado en que *La guaracha del Macho Camacho* ha encontrado una crítica más reconocedora, más fisonomista en los países que ocupan esa misma franja de subdesarrollo político que el puertorriqueño. Por ejemplo, crítica entusiasmada en Venezuela, en Panamá, en México; crítica restringida en su entusiasmo en Buenos Aires, aunque casi podríamos decir que lo argentino de alguna manera es hispanoamericano de otra manera. Es un lugar más sofisticado, donde una literatura como ésta, hecha desde el equívoco verbal, el juego con las dos lenguas, no creo que encuentre demasiado eco. Es un país que ha hecho una literatura preocupada siempre por las angustias metafísicas, por la trascendencia; ahí están esos dos, esos tres modelos excepcionales que son Borges, Cortázar y Sábato. Aunque luego aparezca un Manuel Puig y proponga una literatura paródica que incluso embroma con todas esas angustias metafísicas planteadas por los tres grandes maestros. De cualquier manera yo creo, Greg, que la crítica también responde de alguna manera al lugar donde se hace. Es decir, no hay crítica en el limbo. Las novelas interesan si de alguna manera no sólo explican el texto sino que explican al crítico y explican el contexto donde esa crítica se produce. Mi novela se ha vendido mucho, por ejemplo, en la República Dominicana, y es natural porque los problemas parecen ser cercanos, no los mismos; pueden identificarse de alguna manera con esa congestión espiritual. Son países estos en congestión espiritual donde el tapón, donde el embotellamiento, donde la hora punta, como dicen los españoles, casi puede utilizarse como una metáfora para la vida intelectual y espiritual de todo el país.

Rabassa — ¿Hablamos de política? Tengo una serie de preguntas entrelazadas sobre esto. ¿Corrieron habladurías en Puerto Rico cuando la novela salió? ¿La gente buscó un "roman a clef", algunos políticos se reconocieron en la figura de Vicente Reynoso?

Sánchez — ¡Sí, muchísimo! Incluso me invitaron a la Facultad de Ciencias Sociales a hablar y el profesor identificó por nombre y apellido al senador que él creía que proponía la imagen, la figura del senador

181

Reynoso, y yo dije que no era cierto, que era una combinación de varios senadores. Porque incluso me parecía que no era lo que yo quería hacer. No se trataba de una novela en clave, en el sentido más restringido; es una recopilación de varias idioteces cometidas por varios senadores y metidas en un solo personaje. Además la presencia de personajes vivos — como Iris Chacón, la vedette — dio para pensar que había una serie de personajes en clave y la primera lectura se hizo un poco con la impaciencia de desmontar las claves, lo cual siempre es un peligro para la literatura, porque a veces eso lleva a que en el entusiasmo del puro chisme se abandone lo que es un proyecto creador. Hay una distinguida profesora y creadora argentina, Sylvia Molloy, que ha hecho un lindo discurso del chisme en la literatura y ha estudiado los textos de Onetti, *Los Adioses*. Cómo a partir del rumor, del chisme — hay toda una literatura del chisme — que luego al convertirse en literatura pierde su iniciación vulgar.

Rabassa — La novela ha salido en Brasil, me mostraste el ejemplar brasileño. Yo siempre tengo la impresión de que ese país no es nada sino una Antilla enorme. ¿Cuál fue la recepción en el Brasil?

Sánchez — La recepción crítica ha sido muy buena, muy entusiasmada con la novela, muy entusiasmada con la traducción de Iliana Zaguri que hizo también la traducción de *Cien años de soledad*, que tu hiciste al inglés de García Márquez. Yo siempre pensé que Brasil era casi el público natural para la novela porque cuando yo vivía en Río, cuando estuve paseando por San Pablo, me asombraba esa misma idea de la congestión y ese entusiasmo por la vida, pese a todo, que hay en *La guaracha*. El brasileño es un hombre volcado a la vida y me gusta esa imagen tuya de que el Brasil no es otra cosa que una Antilla inmensa, lo que explicaría por qué ese entusiasmo mío permanente por el Brasil, un poco como viajar a una casa más grande. Pues fue muy bien recibida, no ha sido un best-seller, es una edición limitada, pero yo creo que ha importado mucho en el medio cultural de Brasil. Tengo una invitación para viajar a la Universidad de San Pablo a dictar dos conferencias. Se ha comentado mucho en los círculos de lectores y ha hecho un camino muy respetable.

Rabassa — Tú sales mucho de Puerto Rico, ¿es porque desde lejos tienes una mejor visión del ambiente de la patria o simplemente es una manera de encontrar un poco de paz lejos de tantos amigos y admiradores?

Sánchez — En los últimos años he viajado demasiado; incluso ya me prometí que voy a empezar a economizar las salidas. A veces, aunque parezca paradójico, puedo trabajar con mayor comodidad fuera de Puerto Rico que en Puerto Rico. Puerto Rico es un país, como todos sabemos, pequeño, de manera que la notoriedad es demasiado grande para el país. Entonces se exige incluso que el escritor milite en actividades más allá de la literatura y a veces el tiempo para la creación se restringe. Es casi el tiempo sobrante del resto de las actividades a veces innecesarias, a veces necesarias, que esa notoriedad da. Y yo he visto que tanto aquí en Nueva York como en Madrid, como en el mismo Río a donde viajé hace dos años, he podido trabajar con una mayor comodidad. Esto, Gregory, no sé si es mejor o peor porque en nuestro continente el escritor está obligado a asumir responsabilidades, justamente porque tiene un peso su opinión que, por ejemplo, no tiene en el mundo norteamericano. Es decir, creo que un Saul Bellow puede continuar haciendo su obra, un Norman Mailer puede continuar haciendo su obra, un James Baldwin se puede mudar diez o doce años a Francia y nadie cree que está obligado a hablar en nombre de todos. En el continente hispanoamericano es justamente lo opuesto. El peso del escritor en la vida social, en la vida pública, en la vida política del país, es excepcional. Ahí está el caso de García Márquez, llevado y traído por Torrijos, la izquierda pensando que podría ser su candidato a presidente; ahí está el caso de Pablo Neruda; el caso de Mario Vargas Llosa cuyo peso en Perú va más allá del hecho de que sea un gran escritor, es un hombre que pesa políticamente. Hay una gran tradición de escritores que hicieron política. También el público grueso ve al escritor como una persona que habla desde la alternativa que no es el poder, cosa que no ocurre, creo en EE.UU. El peso que tiene un García Márquez en la vida colombiana, no es el mismo que puede tener un Saul Bellow, premio Nobel, un hombre distinguido y excepcional, en la vida de Chicago, en la vida de EE.UU. A veces uno se va por huir, pero con un poco de sentimiento de culpa.

Rabassa — ¿En qué forma crees que la literatura o la cultura en general de Puerto Rico se diferencia de la de los demás países de Hispanoamérica, debido a sus lazos con los EE.UU.?

Sánchez — De muchas maneras. Yo sostengo y he sostenido insistentemente en los últimos años que Puerto Rico es definitivamente un país hispanoamericano, pero un país hispanoamericano de otra manera. Porque no podemos encerrar a Hispanoamérica en una misma categoría espiritual ni histórica. Yo creo que pese a que se reduce todo lo hispanoamericano a una sola manera de ser, la altura histórica en que se encuentran nuestros distintos países le da a cada una de esas literaturas unos accesos distintos a la realidad. Entonces la literatura puertorriqueña ha sido una literatura paradójicamente muy influida por la

184

literatura norteamericana. Y digo paradójicamente porque parecería que aquello de lo que uno huye permanentemente es lo que lo muerde más pronto. Entonces nuestra literatura siempre tuvo unos modelos como Tennessee Williams y Eugene O'Neill, en el caso del teatro, y en el caso específico de René Marqués. Y los grandes narradores de los treinta y los cuarenta y los cincuenta de la literatura norteamericana como Hemingway, como Faulkner, en el caso de escritores como Pedro Juan Soto y José Luis González. Pero hay algo más, Gregory: a veces se ha acusado a algunas muestras de la literatura puertorriqueña de ser excesivamente pulcra en el manejo de la palabra. Porque los puertorriqueños, por vivir en esa especie de frontera entre dos culturas — la cultura norteamericana que se vive todos los días y la gran herencia hispánica — han tomado la palabra y la lengua como el último bastión para defenderse. En más de una ocasión se ha dicho que la literatura puertorriqueña es demasiado seca, solemne, correctísima. Justamente lo primero que yo quise hacer con *La guaracha del Macho Camacho* fue romper un poco con esa solemnidad que está separada del habla de todos los días. Hay incluso quien dice que en Puerto Rico los escritores escriben demasiado bien y cuando se dice demasiado bien se quiere decir que demasiado pegados a la norma, a la academia, a la corrección. Y eso que parece defecto es otra de las expresiones de la situación política puertorriqueña que se refleja en esa literatura. Yo siempre he creído que tendríamos que entender los puertorriqueños que la convivencia con los Estados Unidos de Norte América, incluso en algunos casos, nos ha hecho más puertorriqueños en cuanto a afirmarnos; pero también nos ha permitido los accesos a cierto mundo de la cultura: la presencia masiva de los estudiantes puertorriqueños en los EE.UU., por ejemplo. Ha habido que pagar un precio, sin lugar a dudas. Y yo no endoso la realidad que se vive, pero me parece de absoluta honestidad hacer esta aclaración. Somos hispanoamericanos, definitivamente. Más que hispanoamericanos, antillanos, caribeños. Y somos caribeños por la presencia masiva de lo negro entre nosotros. Estamos hechos de mulatería, estamos hechos de mestizaje. Yo creo que somos la gente más moderna del Caribe en el sentido de que yo creo que el mundo necesariamente marcha hacia un cruce celebratorio de razas. Dominicanos, cubanos, puertorriqueños, venezolanos, cartageneros estamos en la llave de lo próximo, de lo que todo el mundo tendría que aceptar como lozano: el mestizaje; es decir, la convivencia de toda la gente que sirva, independientemente de la pamplina de su color.

Rabassa — ¿Cómo es que el puertorriqueño que vive fuera mantiene una gran conciencia de sus lazos con la isla, mientras que el chicano queda bastante aislado de México?

Sánchez — En primer lugar la unidad familiar puertorriqueña es muy cerrada. La familia en Puerto Rico es una bendición y una maldición. Uno jamás puede romper con ella. Además se reclama la vuelta permanente a la familia. Yo anteayer cenaba con un puertorriqueño que trabaja en la oficina del alcalde de Nueva York y me decía que en cuanto él oía hablar que alguien tenía agua en la nevera y un pasaje en el chiforover (que es una palabra muy nuestra) decía: "puertorriqueño". Todos los puertorriqueños siempre tienen un pasaje separado o el plan de volver. Puede que pasen treinta o cuarenta años aquí, y siempre dicen: "El año que viene me voy; me pienso ir en las navidades." Es curioso, porque es una experiencia de vida. Mucha gente ha jugado su vida completa en los EE.UU. pero siempre alimentando el sueño de que tiene que volver. Pues a veces cuando se habla de que Puerto Rico es un país pequeño es para decir no somos tan pequeños nada. Es un país de seis millones de habitantes; es una nación flotante, que como no cabemos la repartimos por EE.UU., pero la nación sigue viva, es un país en que la gente lleva la nación consigo. Fascinante, porque los puertorriqueños se mantienen en permanente tradición, se agarran desesperadamente a la puertorriqueñidad. Comida, celebraciones, actitudes ante la vida. A mí me ha asombrado cuando he ido a hablar a alguna universidad como Madison en Wisconsin, que se han armado para hacer una fiesta puertorriqueña un lunes, con todo tipo de comida puertorriqueña, porque hasta la comida sirve de agarre a la realidad de la cual no se quiere perder. Creo que tiene que ver con la familia, tiene que ver con la obsesión de que la noción espiritual del país no desaparezca. Es curioso: todos los puertorriqueños, con independencia de su interpretación política del país, en cuanto vienen a EE.UU. se puertorriqueñizan más. En primer lugar, por la solidaridad que da el grupo, es decir, formar parte de algo que son los puertorriqueños. En segundo lugar, porque creo que de alguna manera se precisa, se decanta con la distancia. En tercer lugar, porque Nueva York es casi una ciudad puertorriqueña ¿verdad?, hay una cantidad enorme de puertorriqueños y de zonas puertorriqueñas. En cuanto yo veo un hombre en la 96 con un macuto, con un "bag", digo "puertorriqueño." Siempre andan con paquetes, con comida, haciendo el trajín familiar. Yo creo que es la familia la que puede explicar esto, Greg.

Rabassa — ¿Has visto alguna influencia de tu obra en la próxima generación, en los más jóvenes?

Sánchez — Los críticos dicen que sí, que ha habido una especie de "guarachización" de la literatura puertorriqueña, sobre todo en cuanto a la comodidad de manejar la palabra con independencia de ese opresivo modelo académico de lo español. Siempre se habla del estallido de la literatura hispanoamericana en la década de los 60, y se toman esos cuatro nombres que todos conocemos como modelos y nunca se piensa que parte del éxito estriba en que ellos dieron un salto, eso que se llama el salto cualitativo, olvidándose de ese férreo, tenso academicismo con que se estaba haciendo la literatura española de esos años. Esto es parte de lo que está ocurriendo en la literatura puertorriqueña de ahora mismo. Yo estoy viendo manuscritos que me han enviado dos autores que habían publicado anteriormente cuentos, y estos últimos cuentos tienen una mayor comodidad en relación con la palabra, una mayor asimilación de toda la realidad — con independencia de que sean mejor o peor. Se ve una manera más cómoda de ser puertorriqueño; es decir, entender que se puede seguir siendo profundamente puertorriqueño asimilando todas las corrientes de expresión y ponerlas a funcionar a favor de esa puertorriqueñidad. Una literatura más viva, una literatura más enérgica, una literatura más convincente.

Rabassa — ¿Puedes nombrar un puñado de autores predilectos que hayan tenido una influencia en tu obra, tanto teatral como novelística, de todas las épocas y todos los países?

Sánchez — Bueno, es un catálogo bastante difícil pero hay como tres o cuatro nombres que me importan. Durante los años cincuenta (Mario Vargas Llosa lo ha planteado en un libro que ha aparecido recientemente en Puerto Rico llamado *Entre Sartre y Camus,* una recopilación de artículos de periódicos y ensayos cortos de Mario Vargas sobre Albert Camus, Sartre, Simone de Beauvoir) tuvo un monopolio de la difusión cultural dentro de nuestro continente la editorial Losada. La literatura más colocada en el candelero de lo inmediato y de lo contemporáneo en esos años era la francesa. De manera que, en mis años universitarios, yo creo que leí vorazmente todo lo que llegaba de Sartre. Lo consideré un escritor — y lo sigo considerando — importantísimo en mi formación, porque era un escritor que nos llegaba con la idea del escritor comprometido; de la necesidad de dotar a los países de unas voces que hablaran por los que no tenían voz, como lo había explicado Camus. Todavía cuando vuelvo a leer a Sartre encuentro esa vieja fascinación que me había despertado en los años cincuenta. De la literatura norteamericana, un escritor que descubrí en mis años de estudios universitarios, un escritor negro llamado James Baldwin, que después, durante los años del Presidente Kennedy, alcanzó, creo, su máxima popularidad y difusión, y que escribió un libro que de alguna manera yo asociaba con mi país. El libro se titula *The Fire Next Time* y es un libro de ensayos compuesto de dos cartas, donde habla de la dificultad, del drama que supone ser negro en EE.UU., y yo de alguna manera cambié la situación del negro por la del puertorriqueño y me conmovió y me estremeció de igual manera. Y después, cuando llegó el estallido de la literatura hispanoamericana me entusiasmó por sobre todo García Márquez con su capacidad para incendiar la realidad. Creo que García Márquez resolvió muy bien, no sólo para su obra sino para todos los escritores hispanoamericanos posteriores, un dilema que siempre había de alguna manera marcado nuestra literatura. ¿Qué hacer con el discurso político más evidente y a veces majadero, por lo machacón, por lo colocado en primer plano, y qué hacer con el discurso imaginativo? Creo que García Márquez ha respondido como nadie en la historia de la literatura hispanoamericana a esa gran dificultad: ¿qué es lo primero que tiene que atender un escritor cuando hace ficción, cuando trabaja en ficción? El discurso político está tan al servicio del discurso imaginativo que no incomoda sino que entusiasma. Es decir que allí está el compromiso del que hablaba Sartre, asumido pero con una nueva proposición. Así que yo te diría que me quedo con Sartre, de la gran literatura europea; con Baldwin, de la gran literatura norteamericana; y con García Márquez, de la literatura hispanoamericana. Me parecen no sólo modelos, porque uno de alguna manera encontrará algo que ellos no han resuelto; me parece que han sido escritores que han hecho caminos que no sólo les sirvieron a ellos sino que han servido para que mucha gente pueda recorrerlos después.

Rabassa — Yo veo que hay un progreso al revés en la vida de algunos escritores. Muchos comienzan escribiendo como viejos y terminan escribiendo como jóvenes. Los dos ejemplos que me vienen a la mente son Thomas Mann, el novelista alemán, y Demetrio Aguilera Malta, quien acaba de morir. Escribieron novelas sólidas, aceptables en la juventud y luego en la vejez escribieron cosas que casi fueron escándalos por su estilo y por su tema. ¿Tú ves alguna tendencia de experimentar con los años, de aventurarte un poco más?

Sánchez — Sí, definitivamente. Yo creo que según pasan los años se van agudizando los sentidos en todas las direcciones. El supremo, como sabemos todos, es el paladar; el único de los sentidos que se mantiene leal al hombre hasta el final; uno come con igual gusto siempre, mientras que los otros sentidos van desapareciendo, lo van desertando a uno. Yo creo que según avanza la vida hay una cierta disposición a la audacia que explica por qué un hombre de 75 años, de buenas a primera, se enamora locamente de una muchacha de 18 años y sus nietos le dicen: "Estás loco, abuelo," y él responde: "Sí, voy a vivir esta locura ahora." Creo que según avanza la vida uno se va poniendo más audaz y es hermoso, porque los primeros años, sobre todo esa zona de la adolescencia, ese pedazo, ese tramo de la adolescencia casi siempre es muy doloroso; así que yo creo que en el caso, por ejemplo, de un Demetrio Aguilera Malta, de un Augusto Roa Bastos, la audacia, la agresividad es la afirmación en la vida. El deseo de que la literatura le ladre a la vida, yo creo que crece con los años.

Rabassa — ¿Cuál es el papel del lenguaje en esta llamada "nueva novela hispanoamericana"?

Sánchez — Hablábamos hace un rato de la nueva actitud, la nueva relación que se decidió a establecer el escritor hispanoamericano con la novela, con la creación, con la palabra. Uno de los triunfos grandes fue la incorporación de ese lenguaje bastardo que parece producirse entre nosotros. El reconocimiento de que en una novela se integran, conviven todos los idiomas, todas las posibilidades de la palabra de un mismo país. Lo examinó Mario Vargas Llosa en *La ciudad y los perros* y en *Conversación en La Catedral,* donde para dar un cuadro más veraz del contexto en que se produce la novela dejó que fuese la misma palabra viva, desacertada y descompuesta la que fuese recogiendo la realidad. No es que eso se haya hecho por primera vez, los españoles siempre lo hicieron, pero el autor mantenía una distancia considerable entre el habla que yo llamo bastarda y la suya, la correctísima. Él se colocaba incluso en una relación distante; un distanciamiento crítico en relación a sus personajes. Lo que ocurre ahora es que esa lengua bastarda, contaminada — tal vez tenga que ver con la aparición de ese mundo mestizo macizo — también contamina la voz narradora del autor. El autor también se permite contaminarse de esa realidad. Cité a Vargas Llosa pero puedo citar un ejemplo un poco anterior, el de Carlos Fuentes en *La región más transparente,* que es una especie de fragmento supremo de la sociedad urbana de México de finales de la década de los 50. El lenguaje incluso en algunos casos se convierte en un personaje, una especie de acontecimiento protagónico en la narración. Después de todo, nada lo explica tanto como la palabra "viva." Y a veces basta con que un personaje coloque su opinión en un primer lugar para que quede explicado todo el mundo del cual procede, para que quede explicado el mundo de influencias que decide su actitud ante la vida. En algunas novelas mexicanas se ha hecho, no sólo pienso en Fuentes, pienso en Gustavo Saínz, pienso en José Agustín. En el caso puertorriqueño, en mi caso particular, a mí siempre me había interesado como escritor, como crítico de la realidad de nuestro país — crítico no en el sentido negativo sino en el que ejerce, como decía Martí, el criterio — esa dicotomía entre la lengua rica y poética y desenfadada, libre de la calle, y la lengua un tanto almidonada de la literatura, en algunos casos bellísima pero en algunos casos ausente o falta de esa adhesión de lo popular, de lo que estaba vivo allá en la calle y de lo que no se acababa de lograr: la lengua musical por excelencia, como es la lengua caribeña. Lo ha demostrado Guillermo Cabrera Infante en *Tres tristes tigres,* porque — nadie lo ha dicho mejor que Carpentier — el Caribe tiene sonido permanente. Es decir, en el Caribe todo está hecho de ritmo, no sólo ya la gente sino la naturaleza misma; el mar, la noche, la poesía de los días. Esas mañanas que arrancan luminosas temprano a las cinco, a las seis de la mañana. Me parece que todo eso tiene una lengua guardada adentro, que los poetas sí habían logrado articular pero que los narradores habían dejado pasar por miedo a resultar demasiado poéticos. Así que, en esa nueva libertad que me parece a mí que siente el escritor hispanoamericano con sus materiales de creación, el lenguaje pasó a ocupar un lugar preponderante. En mi caso cumplía otra función: yo quería humillar y burlar a una sociedad sojuzgada por la publicidad. La publicidad trabaja preferentemente con el slogan que se coloca en alguna gaveta de la cabeza; no hay slogan más eficaz que el de Coca-Cola. Deme una Coca "bien fría". Ya la gente no se contenta con decir Coca-Cola sino que dice "bien fría". Evidentemente es un slogan que ha calado hondo. Toda nuestra realidad se fue sloganizando, convirtiendo en un supremo slogan. Y para proponer esa idea había que utilizar una lengua hecha de consonancias muy burdas, muy ridículas pero sumamente sonoras, muy sonoras y capaces de revelar hasta qué punto habían llegado. Yo me pregunto, como autor de *La guaracha,* ¿cuál fue tu reacción—con perdón de los amigos, el entrevistado se va a convertir en entrevistador —, cómo pudiste tú trasladar todo ese mundo de consonancias, de frases hechas, fracasadas en el sentido profundo, al traducir mi novela al inglés?

Rabassa — Es difícil explicar una cosa que más bien es natural. Cuando hago una traducción la hago lo más natural posible, porque si hay algo artificial se nota. Lo que hice fue primero sacar el sentido; a veces tú me ayudabas cuando había una frase que yo no conocía, un localismo. Una vez con la frase, con el sentido, entonces pensaba en organizarlo con el otro sistema sonoro que es el inglés. Y siempre buscando el equivalente de la lengua, del lenguaje de *La guaracha* y del mundo de *La guaracha;* creo que en EE.UU. es el mundo del jazz que tiene esta variedad de ritmos, también ritmos naturales. Además busqué el lenguaje de los jóvenes de aquí, tratando de mantener cierto ritmo en inglés como lo tiene en español. La idea era no anglizarlo demasiado para no quitar lo puertorriqueño. Uno de los peligros de la traducción es hacer hablar a un gaucho como un cowboy, porque entonces no es gaucho ni cowboy ni nada. Me ayudó mucho el oído, oír a la gente por la calle, a los puertorriqueños de Nueva York. Los slogans son más difíciles técnicamente por la cuestión de la rima. Un anuncio siempre tiene que rimar. En este caso tomé un poco de libertad para traducir; como no era importante, a veces, el contenido del slogan, busqué otro slogan que contuviera el espíritu. Tú citaste a Cabrera Infante, él mismo tradujo *Tres tristes tigres* diciendo que quería traducir el espíritu y no la letra, y buscó otros juegos de palabras. En cuanto a los dos lenguajes, la figura de Graciela tiene su ritmo y su lenguaje, ese lenguaje académico del que tú hablaste y que Julio Cortázar llamó de la *Irreal Academia Española*.

Sánchez — Que es el del senador, también.

Rabassa — Sí, pero el lenguaje del senador es un poco más pomposo, porque siempre está hablando como figura pública.

Sánchez — Para la historia que él cree que le corresponde.

Rabassa — La rima de "Vicente es decente" presentó un problema. No creo que lo resolviera porque había más rimas en español que en inglés; yo escogí "Vince is a Prince" porque una persona decente es un "Prince." Pero Prince y Vince no tienen tanta rima como "ente" que es muy común en español. Yo creo que como toda buena novela, tu novela se traduce por sí misma; la novela pone la corriente, es un caballo que anda por su cuenta y el traductor está allí montado. No hay que ponerle demasiado freno al caballo. Hice lo mismo con tu novela que he hecho con otras como las de Julio Cortázar, García Márquez, Vargas Llosa, y resultó.

RAMA

Angel Rama
(Uruguay, 1926-1983)

La crítica, el periodismo y la enseñanza fueron algunas de las tareas que ejerció a lo largo de su vida, dedicada a la actividad literaria. Ocupó, entre otros cargos, la jefatura de las páginas culturales del diario uruguayo Marcha durante la década del 60; luego, dirigió la Biblioteca Ayacucho de Venezuela; y a partir de 1979, se desempeñó como profesor de literatura latinoamericana en la Universidad de Maryland. Participó en simposios internacionales, dio conferencias y clases en diversas instituciones y escribió numerosos artículos. De sus libros se destacan: Los poetas modernistas (1969), Rubén Darío y el modernismo (1970), Salvador Garmendia y la narrativa informalista (1975), Rufino Blanco Fombona y el egotismo latinoamericano (1975), Los Gauchipolíticos Rioplatenses (1976), Los dictadores latinoamericanos (1976), El universo simbólico de José Antonio Ramos Sucre (1978), Novísimos narradores hispanoamericanos en marcha 1964-1980 (1981), Transculturación narrativa en América Latina (1982), La novela latinoamericana. Panoramas 1920-1980 (1982), Literatura y clase social (1984) y La ciudad letrada (1984).

Alvaro Barros-Lémez enumera en Angel Rama: bibliografía sumaria, los temas que obsesionaban a este ciudadano de las letras del continente como lo denominara Vargas Llosa; ellos son: "la literatura de la emancipación americana; el modernismo; la relación entre la modernización industrial, política y social y los diversos productos culturales; la poesía de José Martí, de Rubén Darío, de Julio Herrera y Reissig; la narrativa de Arguedas, de García Márquez, la de Carpentier; la obra crítica de Henríquez Ureña, de Vargas Vila, de Mariátegui; el pensamiento predecesor de Simón Rodríguez y de González Prada y, sobre todo, los jóvenes". Evidentemente, sus "obsesiones", que quedaron registradas en un centenar de ensayos, colocan a Rama entre los pensadores de mayor calibre y que más han trabajado por la cultura hispanoamericana.

Angel Rama
Más allá de la ciudad letrada

...la identidad no es meramente la copia del pasado, la identidad no es la continuación de las soluciones dadas antes de nosotros. La identidad es la respuesta, nuestra invención original, nuestra creación ante la pulsión externa.

Angel Rama
"Más allá de la ciudad letrada"

Mario Szichman — Angel ¿existe una literatura latinoamericana o existen varias o no hay nada?

Angel Rama — Es la pregunta de siempre; es una pregunta antigua como el Continente y yo creo que se traduce siempre por ¿existimos o no existimos? Es un problema complicado porque tiene que ver con el complejo cultural, en cierto modo neo-colonial, dentro del cual nos hemos formado, dado que procedemos de colonias. Y también el esfuerzo enorme por querer ser, por querer existir; prácticamente hay ahí una especie de problema metafísico, ontológico debajo de toda esta cuestión. A fines del siglo pasado, Martí creía que todavía no teníamos una literatura. Decía él que no había una sociedad que pudiera presentarse como una sociedad coherente latinoamericana; más exactamente yo creo que él siempre pensó, como pensaron todos en la época, en una sociedad hispanoamericana.

197

Cuando se fueron integrando — efectivamente se produjo una especie de esfuerzo de integración de las literaturas nacionales dentro de una organización que podría ser la literatura hispanoamericana, y eso yo creo que se hizo a lo largo del primer tercio del XX — nunca se pensó en la presencia del Brasil. Es decir, el esfuerzo primero fue un esfuerzo, digamos, contra la balcanización en que había quedado toda América Hispana, fue un intento de integración. A fines del siglo pasado se escribían historias de las literaturas nacionales, de México, de la Argentina, del Paraguay, etc. El esfuerzo de hacer literaturas globales o un discurso global recién se hace en el siglo XX. En el fondo es un poco la gran obra de la generación nacionalista, de la generación, digamos, de Alfonso Reyes, de Pedro Henríquez Ureña. El problema es que no puede haber una literatura latinoamericana si no está el Brasil incluido dentro de ella que, por lo menos, representa la tercera parte de la producción histórica. Y ahí sí yo creo que seguimos teniendo un problema. Yo creo que mientras no podamos construir un discurso crítico que abarque al mismo tiempo lo que se produce desde México a la Argentina y lo que se produce en el Brasil, no podemos hablar de una integración y, por lo tanto, de una literatura latinoamericana. Yo diría, desde el punto de vista de la crítica, desde el punto de vista en que yo puedo operar, creo que nuestro gran esfuerzo consiste en ver si podemos leer al mismo tiempo en dos lenguas y leer estilos, generaciones, movimientos, de alguna manera, mancomunados. Algo se ha hecho, yo creo que ya se ha comenzado y, efectivamente, hace un par de décadas que se trabaja intensamente. Por ejemplo, son mucho más frecuentes las traducciones al portugués, son más frecuentes las de obras hispanoamericanas que lo que pasaba antes. Y, al revés, también se ha producido, sobre todo en la

Argentina, que es la zona más comunicada con el Brasil de todo el continente. Es decir, el Río de la Plata siempre ha sido el que ha estado en una relación histórica mayor con el Brasil. Eso, efectivamente, ha permitido construir progresivamente un discurso. Es imprevisible el resultado y, en cierto modo, es lo contrario de un gran problema que se ha planteado siempre con respecto a la literatura. Piensas tú que Menéndez y Pelayo, en el siglo pasado, escribe su famoso prólogo a la antología de los poetas de lengua castellana de América, la antología de la poesía hispanoamericana, en la cual elimina dos partes, elimina la lengua portuguesa, pero elimina también las lenguas en España que no son castellano. Es decir, hace un doble recorte. Si nosotros intentamos crear una literatura latinoamericana, obviamente tenemos que hacer el esfuerzo de fundarla ya no sobre la dependencia respecto a la lengua, sino respecto a otras bases, a otros soportes; esos soportes obligadamente son: sociológicos o culturales, si tienes que integrar dos lenguas diferentes, dos zonas diferentes, dentro de un mismo discurso. Ahora, yo creo que sí, que ya existe, por un problema en cierto modo ajeno al continente, por un problema externo; y es que la pulsión externa sobre América Latina hace que ésta se integre en un marco internacional y que funcione en un marco internacional. La gran sorpresa cuando uno se pone a estudiar escritores mexicanos, argentinos, y brasileños en la misma época, es descubrir que leen los mismos autores europeos o norteamericanos y que trabajan dentro de las mismas tendencias, acondicionándolas, regulándolas de acuerdo a su estatuto cultural, a su situación particular, pero trabajando ya, digamos, dentro de un marco internacional. Eso es lo que sí ha servido a formar lo que llamamos la literatura latinoamericana. Es decir, el funcionamiento del marco

internacional y las respuestas que al marco internacional se le dan desde los distintos hogares culturales,
específicos de América. Y te cito esos tres: México,
Argentina y Brasil, porque son exactamente los tres
polos diferentes en que funciona toda nuestra cultura y
toda nuestra literatura.

Szichman — La necesidad de buscar la famosa o
desdichada identidad latinoamericana ¿no es una
imposición desde afuera para homogeneizar un mercado que de otra manera es muy disperso y muy
diverso?

Rama — Yo creo que existe la pulsión de homo-
geneización, que es una pulsión no solamente económi-
ca, que obviamente lo es, no solamente política, que
también lo es, sino cultural. Existe un esfuerzo que es
de alguna manera, la consecuencia fatal del desarrollo
del mundo occidental y de las culturas occidentales.
Ahora, al mismo tiempo, dentro de este esfuerzo que
trata de homogeneizar, hay respuestas. El elemento
interno, o sea, nosotros, no somos elementos pasivos,
somos elementos activos y por lo tanto productores y
hacemos respuestas a esta pulsión que recibimos. Aquí
es donde se coloca el problema de la identidad. Es, en
el fondo, el problema de la ruptura de la continuidad
histórica. Cuando un hombre se plantea su identidad
es porque ha habido una ruptura anterior en su continuidad. Esta ruptura es la marca del mundo occidental. Toda, desde que los jóvenes comenzaron a
replicar a los mayores; la famosa generación joven de
1830. A partir de ese momento, tenemos todo este
problema planteado, pero no solamente aquí, sino en
todo el mundo. Las respuestas que demos son las que
resuelven la identidad. Quiero decir, la identidad no es
meramente la copia del pasado, la identidad no es la
continuación de las soluciones dadas antes de nosotros. La identidad es la respuesta, nuestra invención

200

original, nuestra creación ante la pulsión externa. De otro modo, la identidad es nuestra invención, es una pura entelequia imaginativa del querer ser de todos nosotros.

Szichman — Yo noto como si hubiese un doble movimiento. Hay una apasionada búsqueda de una identidad o de una originalidad latinoamericana. Habría que ver sobre qué bases se construye esa identidad, idénticos a qué queremos ser. Al mismo tiempo, yo creo que esa identidad se observa desde afuera, como una necesidad de aplastar todo lo que emerja como diferente. El *boom* sería una buena demostración de que hay una tendencia a unificar el mercado, tomando figuras tan diversas como pueden ser Cortázar, Fuentes, Vargas Llosa y tratando de ofrecer como si fueran tres o cuatro modelos factibles y viables de poder escribir en América Latina. Identificar modelos tiene también su contrapartida: todo lo que diverge de esos modelos o que son tentativas, tal vez a veces tentativas frustradas pero tentativas diferentes de no acceder a esos modelos, son ignorados.

Rama — Si el *boom* significa autores más vendidos dentro de un nivel de calidad estética es, obviamente, una organización de la literatura totalmente comercial, porque no atiende a las especificidades y a las características propias de cada uno de los escritores. Si los criterios son más vendidos y cierto nivel artístico, obviamente se produce un recorte. El problema es que nosotros estamos viviendo ese proceso, o lo vivimos, porque yo creo que ya se ha concluido. Es una experiencia, en el fondo, de analogía histórica; también en el novecientos se vendió mucho y se vendió muchísimo más Vargas Vila que José Martí o que Rubén Darío. Por lo tanto, si las ventas son mayores o menores, nada tiene que ver sobre una cosa que es el juicio estético y la valoración histórica de determinados materiales. El problema sería cómo nosotros podemos tratar de reinterpretar este conjunto de valores literarios y estas elecciones y pretensiones, casi antojadizas que se producen. Yo he tratado un poco de hacer un esquema interpretativo, que me permita visualizar, desde un punto de vista artístico, estos valores. Yo trabajé sobre dos conceptos que he usado, digamos, un poco abstractamente como positivos: por un lado, la tendencia marcadamente cosmopolita cuyo más espléndido representante es Borges; el famoso artículo de Etiemble cuando todavía Borges no tenía su fama era justamente saludar en él al mejor exponente del espíritu cosmopolita y, efectivamente, yo creo que lo es, en un grado elaboradísimo y admirable. Por otro lado, tratar de buscar otra línea de escritores que, diríamos, trabajan más dentro de la interioridad de sus culturas, trabajan más metidos en la problemática que se genera en torno a ellos, que ellos han recibido y que ellos deben discutir. Y yo a estos los he llamado, para oponerlos, los transculturadores, es decir, los que hacen una operación, también modernizadora, como el cosmopolitismo, porque todas son operaciones modernizadoras, pero digamos, más respetuosas o más obedientes a las fuerzas que siguen actuando. En el fondo, pienso que también es como una elección. Tú eliges una obra puesta en el futuro —Borges es eso— o tú eliges una obra puesta en una sociedad, en un conjunto social. Es decir, la obra de Borges es el caso típico de la obra de un individuo y de la invención prodigiosa de un individuo que trabaja, como diríamos, solo. En cambio, las otras obras tratan de trabajar dentro de un conjunto social, tratan de comunicarse a una determinada sociedad o a un grupo, a una clase. Así por ejemplo, para mí, uno de los buenos ejemplos de este tipo de transculturador sería Juan Rulfo. Y José María Arguedas es dramático porque habla desde una comunidad indígena, o sea desde las formas más internas, más antiguas, más arcaicas, menos modificadas...

Szichman — Y marginadas...

Rama — Y marginadas, desde luego, y olvidadas y despreciadas. En cambio, Borges habla desde una cultura universal que se ve desde un ángulo que es Buenos Aires. Esto es importante, porque Borges no es, como alguna vez se ha dicho, un extranjero; Borges es un extraordinario argentino y un porteño, pero ve el mundo entero desde ese Aleph que es Buenos Aires. En cambio Arguedas lo ve desde una comunidad indígena absolutamente triturada y trata de ver si la puede salvar culturalmente integrándola a una cultura nacional. Entonces, ahí yo veo dos formas de organizar el conjunto literario que tienen que ver — no me importan las ideas políticas o sociales que tenga cada uno de los escritores — más bien con la cosmovisión que se desprende de sus obras. En ese sentido, te diría que siento que Cortázar está mucho más cerca de Borges o de Carlos Fuentes. Y que, en cambio, Vargas Llosa está más cerca de Arguedas o Rulfo en el sentido de que trabaja dentro de esa zona. Cuando yo hago una especie de distribución de los grandes escritores del *boom,* pienso, efectivamente, que el acierto que ha hecho la inmensa popularidad de Gabriel García Márquez consiste en que ha manejado un repertorio de formas artísticas que no las ha tomado de la gran vanguardia europea. El leyó Joyce, Virginia Woolf, Kafka, etc. Pero si tú lees *Cien años de soledad* no es eso lo que está ahí dentro; lo que está es un repertorio de formas, no solamente de temas, sino de formas, de maneras de expresarse. La construcción del gag, la construcción del chiste, el modo fragmentario de la elaboración artística que pertenecen, diríamos, a los modos tradicionales de la lengua, del habla de un costeño colombiano que trabaja como eso que es esa área cultural de las Antillas. Todo ese mundo trabaja sobre ciertos valores que son los valores que han sido asentados a lo largo de siglos dentro de la región. Este es un intento, no digo que sea el mejor, es un intento posible de tratar de ordenarme para poder entender. Es el gran problema de un crítico tratar de entender un problema, tratar de entender cómo funcionan los conjuntos de escritores a un nivel continental, incluyendo desde luego, también al Brasil. Yo te puedo decir que un autor como Guimarães Rosa es un autor que yo puedo colocar cerca de Arguedas, Rulfo, García Márquez y en tanto los escritores, los concretistas, por ejemplo, todo el movimiento admirable de los concretistas está mucho más cerca de una literatura cosmopolita.

Szichman — ¿Será Borges realmente un solitario o es el emergente de una muchedumbre? Tras Borges está el grupo *Sur* y está toda una corriente cultural que tuvo en la Argentina por lo menos unos veinte años de concreción, que sería desde los ultraístas, el grupo *Martín Fierro* y finalmente el grupo *Sur*. Con Borges estaba Victoria Ocampo y Silvina Ocampo; con Borges estaba José Bianco; aunque no haya tenido una participación tan activa; con Borges también estaba Mallea. Hay mucha gente; el mismo Cortázar empieza escribiendo muy vinculado a *Sur*. Es decir, cuando uno piensa en un solitario como Borges, tal vez en un solitario como Onetti ¿lo piensa como solitario simplemente porque olvida los referentes que le posibilitaron esa soledad? ¿Y la cantidad de gente que estaba discutiendo los mismos problemas y la misma estética que Borges? Cuando Borges escribe el "Pierre Menard" lo hace como una especie de crítica interna a una discusión que en ese momento se estaba librando dentro del grupo *Sur*.

204

Rama — Yo no estoy muy seguro de la pertenencia de Borges al grupo *Sur*. Yo creo, más bien, que Borges es progresivamente absorbido por el grupo *Sur* por obra no de su directora, Victoria Ocampo, a pesar de lo que ella ha escrito sobre él, sino por obra de la joven generación. Bianco, el jefe de redacción de la revista *Sur* que, progresivamente admirado por los poemas y los cuentos de Borges, trata de utilizarlo y lo construye como maestro; en cierto modo hace de él su maestro. Siempre tengo la sensación de que Borges ha funcionado y ha sido como tomado por los jóvenes. Es la misma relación que con Bioy Casares; Bioy Casares es mucho más joven que Borges. La gente cree que son de la misma generación por su enorme amistad, pero no es así. Ha habido siempre en Borges, y es para mí lo prototípico del espíritu vanguardista, una actitud de invención, de camino de invención original, individual; digamos, como muy independiente. Probablemente lo que yo admiro más en Borges es la capacidad de ser independiente; así diga locuras como a veces dice sobre problemas políticos o sociales. Admiro en él que no esté dependiendo, obedeciendo a un movimiento o a un grupo, que actúe arbitrariamente si es necesario, lúdicamente como un niño, a veces. El ha construido un camino al cual se han acercado los jóvenes, al cual se han acercado, efectivamente, Bianco, Bioy, Cortázar, en cierto modo Sábato, en algún momento. Creo que todos ellos se han acercado. Y tomado en perspectiva, en cambio, yo no encuentro mayor vínculo con un Mallea, con un Martínez Estrada que sí son de su generación; creo que en ese sentido su camino es muy independiente y su camino es un camino muy creativo, en el sentido en que, efectivamente, apuesta fuera del tiempo. Esto es muy claro en toda su historia. Luego de treinta o cuarenta años el mundo descubre a un escritor que para nosotros ya era un escritor importante dentro del Río de la Plata, pero lo descubre porque ha hecho un camino absolutamente personal, absolutamente libre y se ha adelantado, ha jugado, ha apostado a otro tiempo en el cual se producía la realización de este sueño, de esta especie de premonición que es su literatura. Creo que el discurso de la literatura permanentemente se rehace, porque permanentemente reinventamos la literatura y que si en un conjunto incorporamos un nuevo valor, automáticamente el conjunto se redimensiona de acuerdo a la presencia de este nuevo autor. Creo menos en las desapariciones definitivas de los que ya están en el cuadro; creo menos en esos que consideran que el Parnaso tiene muy pocos asientos. Para usar una famosa y totalmente vana polémica: si Rubén Darío es un gran poeta, José Martí no puede serlo y si Martí lo es Rubén Darío no puede. Totalmente absurdo; son dos creadores máximos de América Latina y los dos caben perfectamente en el Parnaso. No tenemos o tenemos muy pocos, lo que llamaríamos autores de segunda, porque nuestra tendencia es muy aristocrática, una tendencia a la excelencia y a los valores superiores. Nos ha servido para preservarnos de ciertos materiales muy espurios, pero también nos ha conservado a los escritores dentro de lo que yo llamo *la ciudad letrada,* que es una especie de hermoso paisaje urbano dentro del cual los españoles nos construyeron los rectángulos para producir para ese rectángulo, nada más, no producir para el conjunto de la sociedad. Esta tendencia forma los componentes permanentes de la cultura y ha encontrado en este momento una situación especial. El mercado es siempre un mercado democratizador y masificador; éstas son las notas dominantes del mercado cuando es espontáneo y es libre. Por lo tanto ha habido como una resistencia respecto a él, ha habido una suerte de oposición; lo que se quiere es que las obras de arte sean consumidas por el más amplio público; la verdad que el más amplio público prefiere Corín Tellado.

Se ha producido en América Latina la recuperación incesante de los autores que son olvidados o dejados de lado, o los que son — yo a veces he usado la palabra *outsiders* — porque en el momento que hay un desarrollo fundamental o una tendencia dominante son escritores marginales que no corresponden a estas tendencias. Hay toda una pléyade de *outsiders* que aparecen en los años veinte y que han sido progresivamente incorporados y que son sorprendentes; incluso no son grandes autores profesionales, son extraordinarios inventores de cosas diferentes. Pienso en el caso venezolano que es un caso en el cual ha habido varios escritores que han sido dejados de lado: Julio Garmendia. Julio Garmendia es ahora la bandera de los jóvenes; en cierto modo, obras como las de Enrique Bernardo Núñez, un cubagua, es un ejemplo claro de que Garmendia ha sido también reincorporado como gran escritor. Piensa en el caso de Felisberto Hernández en el Río de la Plata; Felisberto Hernández es, como diríamos, un escritor de escritores. Yo he oído y he leído textos admirativos sobre él de Julio Cortázar, de Gabriel García Márquez, de Italo Calvino, diversos escritores que lo consideran un escritor de su especie, un escritor único. Escritores como Martín Adán en el caso peruano; para mí *La casa de cartón* sigue siendo una novelita absolutamente bella, y llena de vida y de fuerza. El caso de Juan Mayor entre los colombianos. El caso de los grandes poetas de la renovación de los veinte que también han sido reincorporados. Es decir, hay como una tarea permanente, casi como un desafío que no hay joven que no quiera aceptar y jugar de recobrar un valor que no ha sido considerado, que no ha sido estimado y hacer de él una especie de ídolo. En general, yo lo comprendo, un joven escritor tiene cierta prevención contra el autor que se le impone por los *mass media* y se le dice éste es el gran escritor y ocupa demasiado el escenario; prefiere, en general, ese otro que ha sido dejado de lado. Nosotros hemos visto enormes recuperaciones: la de Roberto Arlt a quien la generación de Viñas ha sido capaz de redescubrirlo.

Szichman — Revueltas en México...

Rama — El caso de Revueltas en México, por ejemplo; el caso de un escritor como Rubian en el Brasil que en una época dominada por el realismo y el regionalismo intentó el cuento fantástico. Quedó enquistado porque no correspondía a la tendencia central que seguía la literatura, pero ocurre que luego apareció una Clarice Lispector y la obra de Clarice Lispector en toda esa gama de sensibilidades difíciles que rozan lo fantástico o lo extraño que es diferente de lo fantástico, efectivamente permitieron releerlo. En cierto modo todas estas recuperaciones significan nuevas maneras de ver el conjunto literario y significan que los nuevos valores, los nuevos escritores necesitan de estos antepasados.

Tú conoces el libro que hice porque eres uno de los seleccionados, la antología de los veinte escritores, narradores hispanoamericanos que yo creo que están realizando una tarea de transformación de la literatura. Este conjunto yo lo veo como los futuros creadores de una literatura distinta dentro de América Latina; incluso observo en muchos de ellos que sus opciones sobre el pasado ya no tiene mucho que ver con los escritores muy conocidos y muy difundidos, sino que tienen que ver con estas figuras como secundarias o marginales o menores que existieron en el pasado. Lo que se está produciendo, lo que hace un Antonio Skármeta en Chile, lo que está haciendo Osvaldo Soriano o

Juan José Saer o Manuel Puig en la Argentina; la obra
de Fernando del Paso o la obra de todo el conjunto de
escritores que han aparecido en los 60: el caso de Sainz,
de Agustín que han ido construyendo una nueva literatura, una literatura urbana muy sostenida en el
habla, muy sostenida en la comunicación de la lengua.
El caso de Luis Britto García para Venezuela; la enorme producción que se está haciendo en Colombia, muy
despareja pero donde ya están apareciendo escritores
que a mí me parece que van a ser realmente sostenidos.
Rafael Humberto Moreno Durán me parece un buen
ejemplo de esta literatura. Yo creo que existe ya una
nueva literatura, existe ya una nueva producción que
no tiene más de 15 años a la fecha de desarrollo. Creo
que en general es mucho más libre, más desembaraza-
da y, al mismo tiempo, más realista, más problemati-
zada con lo que está ocurriendo en el mundo latinoamericano. Al mismo tiempo no dejan de ser, obviamente, los herederos de la gran literatura hispanoamericana. Aquí sí ha pasado algo nuevo, algo que no
ocurría. Onetti, Alejo Carpentier, Pablo Neruda eran
escritores que conocían la literatura hispanoamericana, pero fundamentalmente se abastecieron del conjunto universal; leyeron los grandes escritores de la vanguardia, de la modernización europea o a veces norteamericana; el caso de un poeta como Ernesto Cardenal
que viene directamente de los norteamericanos. Ahora
se han producido situaciones diferentes, yo diría que
gran parte de los narradores del continente trabajan
dentro de la tradición del continente. No sé si para bien
o para mal, a veces tengo dudas si esta especie de que-
darse dentro del continente no los demora en ciertas
invenciones, pero en general lo que observo es que
estos escritores trabajan sobre la literatura que se
produjo dentro de Hispanoamérica o trabajan—eso es
más curioso—sobre los nuevos sistemas de comunica-

ción, los nuevos lenguajes. En los casos de Saer o de Puig la influencia que sobre ellos tiene el cine es categórica; así como la influencia que ha tenido la música sobre Agustín o sobre Sainz en México es visible. Hay un chico colombiano, un caso trágico porque se suicidó a los 23 años, Andrés Caicedo que escribió un precioso libro que se llama así: *Que viva la música.* Es, al mismo tiempo, autor de los mejores comentarios que yo haya leído sobre cine, en una revistita muy bonita que él publicaba en Cali, ni siquiera en Bogotá, que se llamaba *Ojo al cine.* Es uno de los ejemplos que algunos críticos han llamado literatura de la *onda;* yo diría una literatura que recibe el enorme impacto de los *mass media* y de las nuevas formas de distribución de culturas, incluso de culturas industrializadas. Es decir, yo siempre he dicho, que toda esta generación no tiene problemas con los *jeans* y con la *Coca Cola,* porque ésos son elementos que integran la vida. A partir de ese universo es que construyen una obra extraordinariamente rica y sobre todo como urgida, con una fuerza interior, de energía y de dramatismo a veces que a mí me seduce mucho. Es una literatura un poco más áspera, no tan endulcorada o tan preciosa como en alguno de los grandes prosistas anteriores, pero me parece con una fuerza que efectivamente muestra un nuevo mundo. Yo creo que el panorama actual es un panorama extraordinariamente rico y fíjate que nos estamos reduciendo al género vulgar y popular, a la novela.

Szichman — Angel ¿por qué no hablamos un poco de un factor muy importante en la formación de las tendencias de un escritor, que es la función que cumple el crítico? ¿Y por qué no hablamos un poco también de las distintas clases de críticos?

Rama — Cuando hablamos de críticos creo que confundimos muchas cosas diferentes, muchos tipos diferentes. Es muy frecuente, en ciertos ambientes, por ejemplo en los ambientes universitarios, creer que la crítica son las tesis doctorales y los libros que se producen en el claustro universitario de investigación, de estudio y elaboración. Sin duda son contribuciones importantes pero no es todo el campo de la crítica; más aún, yo creo que la crítica, como los escritores, vive en la calle. Aquí hay un problema que siempre se ha planteado el escritor y el crítico también con el mundo universitario. Es una relación bien difícil y hasta el día de hoy, diría yo, tanto el escritor como el crítico pertenecen a la calle y no pertenecen al claustro universitario. Su real mundo es el mundo de la sociedad, es el mundo de la comunicación; de ahí que la importancia grande de la crítica se ejerza a través de los diarios o de las revistas; las revistas literarias, las revistas especializadas e incluso en los semanarios, en las secciones dominicales es ahí donde se genera, donde se desarrolla la gran tarea crítica. Un crítico que yo estimo y admiro mucho en el caso de Brasil es Antonio Cándido; de alguna manera ha remozado toda la visión de la literatura brasileña desde un doble ángulo, un ángulo, digamos, de perspicacia estética muy independiente y muy libre y al mismo tiempo desde un ángulo como social; es decir, la literatura no existe desgajada de la sociedad, vive dentro de ella, vive dentro de la cultura que se forma dentro de los diversos enclaves humanos. Entonces, tratar de observar cómo funciona en el conjunto, en lo que ahora llamaríamos una estructura; una obra es una pequeña estructura dentro de una macro-estructura y está armonizada con toda ella. Yo creo que es un caso de crítico que ha hecho una tarea de ese tipo. La nuestra fue una tarea, sin embargo, más al día. El problema era contestar al momento que aparece. Y ha habido toda una generación de diversos críticos que han trabajado en

Marcha durante sus 35 años. Te va a parecer insólito ¿tú sabes quién fue el primer crítico literario que tuvo *Marcha* en los años 39, 40? Juan Carlos Onetti. En la misma fecha que Juan Carlos Onetti publica *El Pozo* que es su primer relato, en esa misma época es el crítico literario del semanario *Marcha* y es el que exige una nueva literatura; romper un poco con el folklorismo, con los regionalismos que ya no tienen sentido, dado que se está viviendo en ciudades que son ciudades cosmopolitas, con una problemática específica, ciudades con hombres sin fe, como va a decir en *Tierra sin nadie*. Entonces comienza una especie de requisitoria contra esta especie de arcaísmo y una necesidad de modernización de la literatura y sobre todo esa cosa admirable que es la gran lección de Onetti: la literatura es todo y la vida entera se da para hacer la literatura. Haga usted lo que quiera, pero construya su obra y no se invente ninguna excusa para no hacerla; porque lo importante es realmente realizarla. Yo creo que es un poco la tónica de esa generación: no eran profesionales, porque el medio no les permitía ser profesionales, pero actuaron como profesionales. Es decir, trabajaban como podían para poder escribir, con sus trabajos sostenían sus vidas, pero dedicaban toda su existencia a la literatura. Cortázar durante veinte años es traductor de la UNESCO, con tal de poder dedicarse enteramente a escribir *Rayuela*. Entonces, esa actitud profesional, en cierto modo, abrió la posibilidad del profesionalismo que se ha producido después. Es el caso claro de Carlos Fuentes o el de Mario Vargas Llosa; ambos entran con una actitud de mayor exigencia y de mayor rigor y también de mayor competencia en el marco internacional. Es decir, no se pelea solamente en el marco local de nuestros países, sino que se tiene que construir una obra que pueda funcionar en la sociedad internacional actualmente capaz de recibir literatura.

Szichman — Se ha producido algo, no sé si es una excepción o una regla, conjuntamente con la democratización del mercado. Pienso en la literatura que se ha hecho en la última década y de gente consagrada como Fuentes, Vargas Llosa; la tendencia es hacia el gigantismo, es decir, hacer la obra definitiva y además con muchas páginas y con una especie de engolamiento de la prosa que tal vez contradeciría la democratización del mercado. Si la tendencia en el grueso del público es tratar de leer lo menos posible o por lo menos a leer lo mínimo indispensable, una obra como *Terra Nostra* o *Conversación en La Catedral* o un texto como *La consagración de la primavera* de Carpentier o la última novela de David Viñas, *Cuerpo a cuerpo,* estaría contra esa tendencia.

Rama — Me cuesta poner todas esas obras dentro del mismo casillero, porque el problema no lo veo tanto en la extensión, dado que también una de las características del mercado es que el lector de novelas prefiere las novelas extensas y gusta vivir dentro del laberinto novelero que le crea la obra extensa. Y no siendo lo extenso hay otras características que sí hacen una literatura institucional. Es normal que le pase a un escritor querer tomar el gran tema; el extravío posible se produce a consecuencia de cómo se estima el gran tema, el gran asunto "gran". Yo siempre recuerdo un caso bien típico del siglo XIX que demuestra en qué medida hay que ser ciertamente desconfiado de lo que es el gran tema aparente de la sociedad; la novela de Victor Hugo, *Napoleón, el pequeño,* se refiere al gran tema de la sociedad porque es el juicio nada menos que del poder; la novela de Flaubert, *Madame Bovary* se refiere a una pobre señora de provincia que va a acuñar el bovarismo. Sin embargo, de las dos obras, la obra que mejor ha sido capaz de interpretar esa sociedad ha sido *Madame Bovary* y no *Napoleón, el pequeño* que se ha transformado en una pequeña novela que no cuenta para nosotros. Victor Hugo elegía el gran tema, era el gran problema; el otro era un problema insignificante, a quién le interesa lo que pasa en la provincia, además con una señora. Resultó que él percibió, a través de este recorte de lo cotidiano, de lo pequeño, el funcionamiento de la sociedad entera, estaba hablando de la sociedad francesa en conjunto. Lo que yo a veces siento en algunas obras, el caso típico es el caso de la novela de Carpentier *La consagración de la primavera;* es el gran tema "gran", pero la novela no da, no tiene esa equivalencia, no da ese resultado. Simultáneamente con esa novela, él escribe *El arpa y la sombra* que es una maravilla de relato breve, libre, ingenioso, atrevido. Yo creo que ahí ha pagado la cuota que se debe a esta ambición, un poco planificada, un poco externa. No me parece el caso, por ejemplo, de la novela de Vargas Llosa; yo creo que Mario Vargas Llosa es uno de los novelistas de talento más seguro y de fuerza mayor literaria y creo que *Conversación en La Catedral* es un caso de novela enormemente viviente, en que se atreve a una cosa que en otras manos daría malos resultados, que es una novela política. Hemos tenido tantas novelas políticas que terminan meramente en la proclama que hay cierta desconfianza para el género; sin embargo él se mete en un tema de novela política y de novela contemporánea y consigue vivificarlo y hacerlo dramático y existente de un modo que me parece que no importan las dimensiones. Cuando se publicó esa novela era tan extensa que el editor cometió un error, la publicó en dos tomos, error fatal, las novelas no pueden tener dos tomos y tal fue así que las reediciones posteriores se han hecho todas en un tomo y ha funcionado en esta forma.

Szichman — A partir de las dictaduras de esta última década se produce un desplazamiento; primero los problemas de la censura, después problemas económicos y de persecución política hacen que muchos escritores e intelectuales se desplacen hacia otros lugares — donde emerjen editoriales y revistas nutridas de estos exiliados; se formaron nuevos focos de desarrollo intelectual en el continente. ¿Cómo se reflejaría ese exilio en la creación de nuevas formas culturales; crees que se pueden crear a partir de ese violento desplazamiento de tanto intelectual de una parte del continente a otra?

Rama — Yo creo que lo que se produce primero que nada es un mutuo conocimiento. Yo alguna vez he dicho, casi sarcásticamente, que los dictadores están logrando formar una comunidad literaria latinoamericana; siempre hemos querido formarla y nunca se pudo. Pero lo que ocurrió es que efectivamente ahora, escritores como los argentinos que se caracterizaban por vivir en Buenos Aires y luego ir a París y volver a Buenos Aires para luego volver a París, han descubierto, por ejemplo, la inmensa zona de lo que podríamos llamar la América indígena y han descubierto una cultura tan espléndida como la cultura mexicana o han establecido contacto con la América africana, con la América mulata, en el caso de Venezuela. Se han establecido contactos y comunicaciones mucho mayores que en el pasado. Por ejemplo, los brasileños que en general habían desarrollado una absolutamente asombrosa cultura nacional, mucho antes que los países hispanoamericanos, se han desperdigado por todo el continente; México, Chile, Buenos Aires fueron los lugares en los cuales estuvieron. La consecuencia fue que el discurso literario de Ferreira Guliar se ha ampliado de un modo notorio, que el discurso antropológico de Darcy Ribeiro ha abarcado todo el continente. Es decir que han comenzado a apropiarse de todo el conjunto y esto sí es un efecto de enorme importancia y de enorme trascendencia para todo. Al mismo tiempo, esta vinculación mayor se debe a que hay comunidades exiliadas en los lugares más apartados del continente, porque Miami es una ciudad cubana actualmente y Los Angeles es en cierto modo una ciudad mexicana. Los procesos de exilio han llevado fuera del campo hispanoamericano a enormes comunidades que siguen abasteciéndose de sus orígenes, incluso los defienden enormemente por un problema de identidad, pero que al mismo tiempo están en proceso de transculturación muy notoria y muy evidente. Es difícil pronosticar ya los resultados, pero yo te diría que indican sin duda una cosa obvia que es un cambio en la perspectiva. Yo observaba una cosa que, no sé si se producía antes en esa forma, el intento de hacer un discurso macroestructural; es decir, construir una obra literaria que abarque todo el continente. Hay una novela de Abel Posse que se llama *Diamond;* hay una novela de Orgambide que abarca todo; hay una cantidad de libros en los cuales más bien lo que se quiere es cómo contar historias que pasen a través del tiempo y a través de los distintos lugares, porque te diría que hay como una necesidad de expresar el conjunto, de expresar la totalidad. No sé si ésta será la salida para este tipo de literatura. Te recuerdo un título que de alguna manera me parece que define esto: *Homérica Latina.* Un escritor que yo estimo mucho que es Roa Bastos ha intentado toda una doctrina sobre una literatura emergente que estaría apareciendo en una cantidad de escritores y que considera él que es una literatura urgente referida a los problemas del momento, pero también a la revisión y a la recuperación de un pasado en forma amplia. Es posible que esto esté en camino. Es muy difícil porque lo que tenemos son 20 años de toda esta experiencia; no es que hace sólo 20 años que tenemos exilio, sino desde que existe el continente, pero la verdad es que se ha adquirido condiciones masivas como no se había visto nunca. Yo no sé la cantidad de rioplatenses, pero creo que debe ser un millón de personas que han salido; la cantidad de cubanos que han salido de Cuba es enorme también. Creo que en todos estos procesos esta masificación implica necesariamente transformaciones. No sabemos cuánto duran, cuántos se reintegran a sus lugares de origen, cuántos ya no se reintegrarán y se formarán en otra sociedad. Perdóname un ejemplo muy personal. Yo tengo dos hijos. Mi hija vive en Venezuela pero sigue estando muy poderosamente dentro del mundo uruguayo originario; mi hijo, en cambio, se ha transformado en un venezolano total; habla, funciona dentro de esta cultura con la mayor naturalidad, o sea que son casos como de elecciones que se van produciendo y no podemos saber cómo se han de realizar.

Szichman — El proyecto de un encargo colectivo ha dado la novela del dictador. Tenemos *El otoño del patriarca* de García Márquez, *El recurso del método* de Alejo Carpentier; tal vez la mejor de todas ellas sea *Yo, el Supremo* de Augusto Roa Bastos. Creo que han surgido todas ellas de un proyecto que había, un proyecto colectivo para llevar a cabo en diversas partes de América Latina: tratar el tema del dictador que es tan natural como el agua, el aire, los pájaros en América...

Rama — O tan antinatural...

Szichman — Sí, exactamente. Ahí podría existir entonces el límite de un tema y al mismo tiempo el logro de un tema. ¿Tal vez la presión del encargo, aunque no haya habido nunca un encargo muy concreto, los puso a reflexionar sobre alguna de estas figuras y surgieron novelas tan buenas?

Rama — Yo no sé si hubo un encargo. Soy un poco partícipe de los orígenes del proyecto; recuerdo una carta de Mario Vargas diciéndome que estaban

proyectando con Fuentes y con García Márquez hacer
un libro de cuentos sobre distintos dictadores de
América Latina e incluso me decía si no me entu-
siasmaba como para hacer una especie de visión intro-
ductoria de esa serie. La verdad que no hubo encargo
ahí, sino el deseo de los escritores de realizar ellos una
tarea que entendían era una necesidad de la sociedad;
es decir, la sociedad debía ver a sus dictadores, debía
examinarlos. El proyecto no se realizó, uno de los más
entusiastas, que era Fuentes, lo abandonó, se dedicó
a otros trabajos y quien no estaba en ese momento
—Roa Bastos— fue quien sin embargo hizo una de las
obras más originales. Qué curioso también las relaciones de los intelectuales con el medio... cuando estos
escritores están pensando, de hecho Vargas Llosa lo
había hecho en *Conversación en La Catedral,* Odría y
su época. Lo hizo luego García Márquez con *El otoño
del patriarca,* lo hizo Carpentier—a quien también se le
había pedido—a través de *El recurso del método.*
Curiosamente, si tú observas el conjunto de las producciones, incluso tienen antecedentes, una de las
mejores novelas que se han escrito sobre dictadores,
por lo menos de las más divertidas es la de Ibargüen-
goitia que es *Maten al león*, anterior a todas en una
década.

Szichman — Que podría ser *El gran Burundún-
Burundá*...

Rama — Claro, de Zalamea...el tema es un tema
bastante antiguo que se ha ido desarrollando. Pero a
mí lo que me sorprende mucho es que en el momento
en que se piensa el proyecto, curiosamente —no sé si
observas en varias de esas novelas— se refieren a una
experiencia que es totalmente vieja y caduca. Hay en la
imagen de los lectores la idea de que toda esta especie
de irrupción de dictadores que se ha producido en
América Latina han sido las que han causado las

novelas. No, las ha causado un mito que es el dictador personal; nosotros ahora no tenemos dictador personal, tenemos dictaduras institucionales. Es un cuerpo entero el que funciona, es el ejército que toma el poder, sustituye las figuras sin ningún problema. No me digas de algunos países que ven sustituir general tras general, la institución ha tomado el poder. Es un nuevo sistema de dictadura dentro de América. Sin embargo, *El otoño del patriarca* es el dictador personal, es el dictador de antes, es el dictador que ya no existe. Curiosamente, los escritores cuando formulan ellos un proyecto lo formulan en torno a una experiencia que vivieron —no son unos chicos los que escriben esto, tienen cincuenta años— pero lo formulan en un momento en que ha cambiado el universo, en que ha cambiado la forma de funcionar. Lo formulan, todavía como Valle Inclán cuando escribió el *Tirano Banderas* que es el padre de todos estos proyectos; pero la realidad se ha modificado y esta realidad que, probablemente no se pueda ya abordar sino diríamos con una mecánica intelectual, casi brechtiana dentro de otra estética, no la hacen ellos y probablemente sólo la puedan hacer escritores que renueven enteramente el sistema expresivo de la novela.

Szichman — ¿Percibís en los nuevos narradores algún intento de analizar este nuevo fenómeno de la dictadura en América Latina?

Rama — Sí, pero lo percibo no tratando de examinar la cúpula que fue lo que pasó en todas las novelas llamadas de los dictadores, que lo que se observaba fundamentalmente era el dictador y su poder omnímodo, patriarcas, etc., lo observo por otros caminos, incluso utilizando, ahí sí, nueva técnica. Una de las cosas curiosas ha sido siempre la fecundación extraña que el periodismo le ha dado a la literatura. Sin duda, como decía el maestro, hay que retirarse de él a tiempo, pero al mismo tiempo hay que reconocer que ha permitido una serie de visiones nuevas. Hay una serie, por ejemplo, de novelas testimoniales, en que se están borrando los límites genéricos. No es simplemente la *non-fiction novel* de Capote, Doctorov, etc., no es la novela testimonial directa que recoge el material; es el caso de Elena Poniatowska en México...

Szichman — *La noche de Tlatelolco*...

Rama — ...que tiene esa inmensa resonancia; es una obra narrativa, pero trabajada bajo otro sistema. Es decir, comienza a utilizarse el reportaje, la entrevista, la grabadora. Las obras posteriores de Elena Poniatowska trabajan esos mismos materiales, funcionan utilizando esas mediaciones; eso es bastante notorio en todo el grupo de los escritores que se han modernizado en México. Es el uso de los mecanismos de comunicación: el teléfono, la televisión, la radio; todos estos instrumentos que al mismo tiempo obligan a manejarse con palabras. Puig, por ejemplo, que es capaz de hacer una novela que es nada más que un diálogo. Son voces que fluyen, solamente la voz está fluyendo y a través de ella hay que reconstruir el personaje y la situación. Se trabaja en la ambigüedad misma de esta fluencia del habla que es tan característica, tan especial. Creo que ahí hay todo un camino. La última novela de Galeano es un intento de contar la historia entera del continente a través de pequeños *flashes*, pequeñas imágenes, cuentos brevísimos en los cuales se trabaja sobre situaciones. Las novelas más ásperas testimoniales, el libro de Martínez Moreno, que efectivamente tratan en lo posible de manejar un material documental —eso es una tradición fuerte dentro de él y de su literatura—, están aplicando también ciertas normas y ciertos mecanismos que corresponden, diríamos, a una nueva tecnificación. Un camino posible dentro de literaturas que me parecen que exploran con mucha más soltura, con mucha más habilidad los más jóvenes escritores en este momento. Creo que por ahí hay un camino, efectivamente de recoger una demanda, pero a través de un instrumental que se ha modernizado, que ha sido exigido por la modernización. No significa que el producto sea inmejorable, lo que quiero decir es que es una situación diferente en el trabajo artístico.

Nota de los editores

Las entrevistas de ESPEJO DE ESCRITO-RES son disponibles en cualquier formato de videocassette, *individualmente o en serie. Para más detalles, escribir a Ediciones del Norte, P.O. Box A130, Hanover, N.H. 03755.*

Espejo de escritores es el último libro en una serie que incluye:

101 — Isaac Goldemberg, *La vida a plazos de don Jacobo Lerner*

102 — Antonio Dal Masetto, *El ojo de la perdiz*

103 — Mario Szichman, *A las 20:25 la señora entró en la inmortalidad*

104 — Edmundo Desnoes, *Los dispositivos en la flor* (Cuba: literatura desde la revolución)

105 — Mempo Giardinelli, *El cielo con las manos*

106 — Antonio Skármeta, *La insurrección*

107 — Joaquín Armando Chacón, *Las amarras terrestres*

108 — Luisa Valenzuela, *Cambio de armas*

109 — Efraín Barradas, *Apalabramiento* (diez cuentistas puertorriqueños)

110 — Mempo Giardinelli, *Vidas ejemplares*

111 — Isaac Goldemberg, *Tiempo al tiempo*

112 — Antonio Benítez Rojo, *Estatuas sepultadas*

113 — Mireya Robles, *Hagiografía de Narcisa la bella*

114 — Jesús Gardea, *De Alba sombría*

401 — Isaac Goldemberg, *Hombre de paso*

402 — Iván Silén, *Los paraguas amarillos* (antología de poetas en New York)

403 — Enrique Lihn, *Al bello aparecer de este lucero*

501 — Juan Rulfo, *Inframundo* (homenajes de Gabriel García Márquez, Carlos Fuentes, Elena Poniatowska, con 100 fotografías tomadas por Juan Rulfo)

502 — Angel Rama, *La ciudad letrada*

503 — Ariel Dorfman, *Hacia la liberación del lector latinoamericano.*